FÚTBOL Y DOCENCIA

La influencia de Hugo Tocalli en el fútbol

DAMIÁN GIOVINO

HOJAS DEL SUR

Buenos Aires

www.hojasdelsur.com

Fútbol y docencia : la influencia de Hugo Tocalli en el fútbol
Damián Giovino

1a edición

Editorial Hojas del Sur S.A.
Albarellos 3016
Buenos Aires, C1419FSU, Argentina
e-mail: info@hojasdelsur.com
www.hojasdelsur.com

ISBN 978-987-8310-97-8

Dirección editorial: Andrés Mego
Edición: Silvana Freddi
Diseño de portada e interior: Arte Hojas del Sur
Diseño de colección: AADG Studio

Giovino, Damián
   Fútbol y docencia : la influencia de Hugo Tocalli en el fútbol / Damián Giovino. -
1a ed. - Ciudad Autónoma de Buenos Aires : Hojas del Sur, 2021.
   144 p. ; 23 x 15 cm.

   ISBN 978-987-8310-97-8

   1. Fútbol. 2. Biografías. I. Título.
   CDD 796.334092

©2021 Editorial Hojas del Sur S.A.

Dedicado al ser que más iluminó mi vida y que hoy me sigue enviando su amor puro e inconmensurable desde algún lugar del universo: mi abuela María.

Contenido

Introducción

Este libro lo considero un acto de justicia. Un hecho necesario. Un aporte al futbolero y a la sociedad en general. Un reconocimiento a quien tanto ha contribuido al fútbol, al deporte y a la vida. Una invitación a adentrarse en las profundidades de un hombre digno, para nutrirse de su sabiduría, para aprender de su experiencia, para descubrir sus pensamientos. Leerlo a Hugo Tocalli es un viaje que te invita a un destino: la elevación intelectual y espiritual. Con Hugo Tocalli, se aprende y se crece. Alguien que hizo de su filosofía de trabajo un estilo de vida.

Fue un reconocido arquero. Acompañó a José Pékerman en el proyecto más ambicioso, superador y exitoso de la historia del fútbol argentino, dejando un legado indeleble. Coordinó y dirigió el área juvenil de importantes clubes. Entrenó equipos de Primera División. Fue ayudante de campo en un Mundial de Mayores, en el que su Selección fue elegida como la mejor del Torneo por los propios entrenadores y colegas de los otros países participantes. Simplemente, al leer un currículum bastante acotado de Hugo Tocalli, queda en evidencia por qué es una referencia absolutamente calificada y respetada para cualquier futbolero. Pero su verdadera grandeza no está solo en los logros dentro de un deporte. Hugo rompe etiquetas y traspasa lo meramente relacionado con una pelota. Porque hay cosas que son mucho más profundas. Si, en vez de estar ligado al fútbol, lo estuviese al tenis o, si fuese un empresario o un artista, despertaría el mismo interés. Porque los valores humanos están mucho más allá de una profesión. Para tenerlo como referente a Tocalli, no hace falta saber de fútbol; simplemente, hace falta ser buena persona, querer enriquecerse en contenido en diversos aspectos. Hugo es fuente de inspiración.

Como alguna vez dijo el legendario Johan Cruyff:

"En el fútbol no es lo mismo entrenar que enseñar. Hay muchos buenos entrenadores, pero pocos buenos maestros".

Dentro de ese reducido grupo, está Hugo. Un señor maestro, que pregonó siempre con el ejemplo, que bajó, a todos los jugadores que pasaron por sus manos, una línea clara: la del respeto, la educación, el juego limpio, la actitud, el compromiso, el compañerismo. Siempre buscó el camino largo para transitarlo con dignidad, sin nunca dejarse tentar por los atajos. Dentro del fútbol, lo que define a un protagonista es si es defensivo u ofensivo, si especula, si ataca, si busca la posesión, si prefiere la verticalidad, etcétera. Pero lo que define a un ser humano en la vida está mucho más allá de eso. Lo define si es honesto o no, si hay relación entre lo que dice y lo que hace, si tiene valores morales, si es humilde o arrogante, si tiene capacidad o no, si es generoso o mezquino, si se preocupa por mejorar permanentemente o se conforma con lo logrado, si tiene sueños o no. Hugo Tocalli es honesto; mantiene coherencia entre lo que dice y hace, tiene valores morales, es humilde, tiene capacidad, es generoso y soñador.

A través de estas páginas, haremos un recorrido por la vida y obra de una persona sumamente significativa dentro de la estructura del fútbol argentino en su historia. Hablaremos de decenas de conceptos y premisas. Contaremos los detalles de los catorce años del proyecto de selecciones juveniles, en la voz de los propios protagonistas. Además, 45 reconocidas figuras del ambiente del fútbol participan en este libro con importantes testimonios.

1

"Yo soy Hugo Tocalli"

"Nací el 21 de enero de 1948 en Monte Buey, Córdoba. Soy hijo de Don Pedro y de Doña Elena. Hermano de Héctor. Casado con Beatriz. Padre de Alejandro y de Martín. Me desempeñé como arquero en Morón, Chicago, Quilmes, América de Cali, Argentinos Juniors, Unión y Atlanta. Trabajé en los seleccionados menores de Argentina y Chile. Dirigí a las divisiones inferiores y al primer equipo de Vélez. Fui entrenador de la Primera de Quilmes, Colo-Colo, Tigre, Gimnasia y Esgrima de Mendoza. Estuve como ayudante de campo en Platense y en la Selección Argentina de Mayores. Coordiné el fútbol juvenil de Argentinos Juniors y San Lorenzo. Ante todo, una persona familiera".

Mi patrimonio

"He transitado un camino de muchos años dentro del fútbol. Con incontables vivencias. Con muchas alegrías, y también con muchas tristezas. He caminado incansablemente, dedicando gran parte de mi vida a este deporte, dejando muchas cosas de lado por esta pasión que para mí es el fútbol. Bien o mal, mejor o peor, he puesto absolutamente todo de mí, y más. Miles de horas, de latidos, de pasos. No soy yo quien deba juzgar lo que hice dentro del fútbol. No sé si fue mucho o poco. Serán propios y extraños quienes lo evalúen. Pero lo que sí puedo decir es que cada cosa que realicé, como arquero, formador y entrenador, la ejecuté al ciento por ciento de mis posibilidades. No dejé nada de lado. He jugado lesionado, he dedicado mucho más tiempo del establecido a un entrenamiento para que un joven se vaya todos los días con una enseñanza nueva. Todos los chicos a los que me tocó entrenar también se brindaron al máximo. Que alguien venga y te agradezca por lo que uno le pudo enseñar para que mejore como persona y como jugador es muy grato. Ese es mi verdadero patrimonio. Pero, muy por encima de eso, mi patrimonio por el cual estoy absolutamente orgulloso son mis hijos, mi esposa, mi hermano y su familia, mis nietos (Giuliana, Agustina, Mateo, Malena y Catalina), mis nueras (Maira y Soledad). Decliné propuestas de trabajo en donde podría haber ganado mucho dinero para no alejarme de mi familia. Siempre la prioricé".

"Uno vuelve siempre a los viejos sitios donde amó la vida"
(Monte Buey)

Monte Buey es una localidad ubicada en el sudeste de la provincia de Córdoba, en el departamento de Marcos Juárez. Fue bautizada popularmente como la "Capital Nacional de la Siembra Directa" debido a la actividad cultural principal del pueblo: el laboreo de la tierra. En esa zona de campos nació Hugo.

Los Tocalli vivían a las afueras del pueblo, en el medio del campo familiar El Victoriano. Además de vivir con su hermano y con sus padres, vivían con ellos un tío paterno junto a su esposa y sus dos hijas. Allí, Hugo, desde chico, aprendió las labores: "Trabajaba el campo y criaba a los animales". Sus primeros años de estudio los hizo en un colegio rural, hasta que a los 14 decidió irse a una zona más urbana, aunque cerca de sus pagos: Marcos

Juárez. En la escuela Nicolás Avellaneda desarrolló el secundario orientado en Tornería Mecánica. Obtuvo el título de Perito Tornero tras haberse recibido. Sus padres, Don Pedro y Doña Elena, eran gente sencilla, campechana, algo que Hugo lleva en los genes. "Mis padres nos dieron todo; nunca pasamos hambre, pero no eran adinerados. Eran personas muy simples". Cuando recuerda a su madre, no duda en decir que "era la persona más buena del mundo". Tras la ida de Héctor y Hugo (uno, a las inferiores de Newell's y el otro, a las de San Lorenzo), Pedro y Elena abandonaron el campo para instalarse en el pueblo, donde tenían una carnicería. Para Pedro, que sus dos hijos jugasen al fútbol era lo máximo que podía pedir. "Papá tenía la ilusión de que Héctor y yo fuésemos futbolistas, y se le dio". Su padre era conocido en el pueblo como un gran jugador de bochas. Nos cuenta: "Siempre que jugaba, lo iba a ver: era muy bueno".

Ese chiquillo inquieto que correteaba por el pasto del campo y por las calles del pueblo es hoy uno de los máximos orgullos de Monte Buey, la personalidad más reconocida a nivel mundial que tiene la localidad. Hace algunos años, fue distinguido con la mención de "Deportista del Siglo de Monte Buey". Además, hay una biblioteca futbolera bautizada con su nombre en el colegio local Manuel Belgrano. En el club Matienzo, se disputa un torneo juvenil llamado "Hugo y Héctor Tocalli". En la Biblia se pone, en boca de Jesús, la frase: "De cierto os digo que ningún profeta es aceptado en su propia tierra". Pues Hugo, entonces, es una excepción. Él nunca perdió la esencia y no olvida sus raíces: "Siempre voy a ser un agradecido a mi pueblo. Lo quiero mucho. Tengo sentimientos extraordinarios por Monte Buey. Me ha dado muchísimo. Lo llevo en el corazón. Siempre me han tratado muy bien. Mi esposa y mis dos hijos son nacidos en Buenos Aires y siempre los han recibido muy bien; les abrieron las puertas.

Hicieron amigos allá. Nunca me olvido de dónde salí, de mis amigos de la infancia".

El ADN Tocalli: el arco

La importancia de Héctor

Héctor es el mayor de los dos hermanos Tocalli, tres años más grande que Hugo. Surgió de las inferiores de Newell's y tuvo su esplendor en Belgrano de Córdoba, donde es una leyenda. Allí atajó entre 1971 y 1976, y 1982. En el *Pirata* tuvo un brillante desempeño y llegó a batir el record histórico de valla invicta con 851 minutos. Superó ampliamente a quien lo ostentaba hasta ese momento, nada más ni nada menos que Antonio Roma, con 782 minutos. También fue arquero suplente del Pato Fillol en River entre 1977 y 1979, y logró el ascenso a Primera A con Unión de Santa Fe. Además, estuvo en Platense. Dejando el traje de hermano, Hugo recuerda los atributos de Héctor: "Era un arquero extraordinario. Yo tenía mucho sacrificio, y él era muy técnico. Junto con Antonio Roma, fue el arquero que más lejos vi entregar la pelota con la mano. Pasaba mitad de cancha". Además de su prestigiosa carrera, Héctor fue quien posibilitó la de Hugo. ¿Por qué? El propio Hugo lo recuerda: "Yo era chico, y mi hermano se había ido de Monte Buey a Rosario para atajar en las inferiores de Newell's. Entonces, en el pueblo, yo era "el hermano de Héctor, el arquero", y por eso, siempre que se jugaban torneos de barrio, mis amigos me mandaban al arco, por portación de apellido. Mi contacto con el arco nace por mi hermano. Así arranqué mi carrera. Al principio ni pensaba en ser arquero; quería hacer goles como todos los chicos. A Héctor siempre lo admiré, ante todo como hermano mayor, y como profesional. Fue una inspiración para mí. Compartimos muchas más charlas e intercambios de conceptos en nuestra etapa como entrenadores que cuando atajábamos. Cuando estaba en las Selecciones menores, desde Córdoba, él me avisaba los lugares donde ir a descubrir talentos".

"Como yo, que era el mayor, comencé a desarrollar una carrera como arquero, Hugo empezó a atajar también. Cuando jugábamos en el pueblo, yo decía que tenía que haber jugado de marcador central, así hacíamos dupla juntos. Lo mío como arquero fue algo innato. Con 31 años, me vino a buscar Labruna para ir a River, algo inesperado. (Luego de haber estado seis años en Belgrano con muy buenas campañas). El saque con la mano lo trabajé mucho, para cada día llegar más lejos con la pelota. En la última etapa de mi carrera, luego de perfeccionarlo lo más posible, sacar con la mano era casi lo mismo que sacar con el pie para mí, en cuanto a la distancia y potencia del lanzamiento del balón. Luego de haberme retirado, sentí mucha vocación por la formación. Trabajé con las divisiones de Matienzo de Monte Buey, hasta que fui a trabajar a las inferiores de Belgrano como entrenador de arqueros. Hemos tenido muchas charlas con Hugo sobre nuestro trabajo. Lo que él hizo en las Juveniles fue supremo. El mayor premio que tengo, y sé que Hugo también, es poder dormir tranquilos por haber respetado siempre los valores que nos inculcaron nuestros padres. Para nosotros, la palabra es lo más sagrado". (Héctor Tocalli).

Los comienzos de una rica carrera

Hugo atajó en los dos equipos que hay en Monte Buey: Matienzo, club del cual su padre fue dirigente, y San Martín. Luego lo hizo en Argentinos y en San Martín de Marcos Juárez. Fue estando en este último cuando la vida del adolescente arquero iba a cambiar. "Estaba en la reserva de San Martín; era ya fin de año y el arquero titular de la Primera se lesionó y atajé todo el partido yo. Justo había un veedor de San Lorenzo mirando y, cuando terminó el partido, me preguntó si quería ir a hacer una prueba allá. Acepté. Fui sabiendo que, si me fichaban, me iba a quedar toda la vida en Buenos Aires, y así fue hasta el día de hoy. Para viajar fui hasta Cruz Alta, un pueblo cerca de Monte Buey, y me tomé un tren. Tardé doce horas. Tuvieron que pasar cuatro meses desde el momento en que me ficharon para poder hacerles llegar la noticia a mis padres. Obviamente, al venir de un pueblo rural, la gran ciudad me impresionó mucho". En el Ciclón estuvo tres años, pero no pudo debutar en Primera por varias lesiones, entre estas, una operación de rodilla y la quebradura de un brazo. "Lo único bueno de quebrarme fue que, en el lapso de recuperación, conocí a Beatriz, quien aún hoy es mi esposa", bromea.

El salto al profesionalismo

En 1970, Hugo se fue a Morón, recientemente ascendido a Primera A. Si bien fue como tercer arquero y tuvo muy poco rodaje, pudo debutar oficialmente jugando el último partido. Un solo cotejo le bastó para que Juan Manuel Guerra lo viera y lo llevara a Chicago en la B, de cara a la temporada de 1971. En el club de Mataderos sí se afianzó y comenzó realmente la carrera de Hugo; fue un antes y un después. "En Chicago estuve cuatro años; siempre peleamos en los primeros puestos, pero nunca pudimos lograr el ascenso. Una hinchada extraordinaria, muy seguidora. En Chicago pude empezar a ganar más dinero y estabilizarme, ya que antes tenía que trabajar de otra cosa paralelamente, como tornero mecánico y en un banco. Ya más con la vida encaminada, me casé con Beatriz". En 1975, pasó a Quilmes, donde comenzaría a escribir la historia grande. Integró la época más gloriosa del conjunto cervecero, institución de la que hoy es una gloria. En sus dos etapas (1975-1976 y 1978-1984), fue campeón del torneo de Primera B 1975, y logró el ascenso; campeón del Metropolitano 78; subcampeón del torneo de Primera B 1981, y ascendió a la A; y subcampeón del Torneo Nacional 82. "Me hice hincha de Quilmes. Es un club muy especial. Me tocó vivir cosas muy lindas y duras también. En Quilmes pude compartir equipo con el Indio Gómez, que surgió de las inferiores. Siempre dije que tuve la fortuna de jugar con Maradona, de traer a Messi a la Selección y de ser compañero del Indio Gómez, un jugador extraordinario". En 1976, Antonio D'Accorso, técnico que lo había llevado a Quilmes, se fue a dirigir al América de Cali y pidió algunos jugadores del plantel, entre ellos Hugo. Tuvo su única experiencia internacional en Colombia, donde estuvo solo un año. Por esos tiempos, Colombia empezaba a estar muy convulsionada: "Aparecía una moto y le pegaban un tiro a uno. Se vivía un clima raro en el país. Yo estaba con mi mujer y mis dos hijos muy chiquitos. Eso me daba mucho miedo, y por eso decidí volverme. Allí lo enfrenté a Pékerman, que era volante en Independiente de Medellín. Lo saludé y nada más, porque no lo conocía". En su regreso al país en 1977, firmó en Argentinos Juniors, donde compartiría equipo con un jovencito, un tal Diego Armando Maradona. "Varias veces a la semana me tenía que quedar fuera del horario de entrenamiento, por pedido de Diego, para que me pateara tiros libres sin barrera, con pelotas que él mismo llevaba; me iba pateando desde todos los ángulos de la cancha". En 1984, pasó a Unión, donde comenzaría la etapa final de su carrera. "Estuve un año en Santa Fe y volví con la idea de retirarme porque andaba ya con mucho dolor de rodilla. Pero me vino a buscar Atlanta y, al otro día de firmar, me vino a buscar Rosario Central. Ambos estaban en Primera B. Rosario ascendió directo en el primer puesto y con Atlanta perdimos la final por el segundo ascenso con el Racing del Coco Basile en la cancha de

River. Terminada esa temporada de 1985, sí decido poner punto final a mi carrera y colgar los guantes".

La opinión de la gran leyenda: el Pato Fillol

El mejor arquero argentino de la historia recuerda a Hugo y a Héctor:

"Hugo no era un diez como arquero, pero tenía la virtud de la entrega absoluta, el amor propio, la disciplina y la tenacidad. Fue campeón con Quilmes, el único título que tiene el club en su historia. Hizo una carrera digna con esfuerzo y humildad. Todo mérito propio. A Héctor también lo aprecio muchísimo. Tenía unas condiciones tremendas. A River lo trajo Labruna; no lo trajo un cuatro de copas. Eso marca lo que era como arquero. Lamentablemente, no pudo jugar. Quizá tuvo esa mala suerte de no poder trascender en un equipo de los grandes. Sí lo hizo en Belgrano, club muy importante, pero en esa época el fútbol del interior no tenía tanta resonancia a nivel nacional".

Herederos de la pasión

Los dos hijos de Hugo, Martín y Alejandro, también se desarrollan dentro del ambiente del fútbol; son sumamente prestigiosos cada uno en su labor. El mayor, Alejandro, es un destacado preparador físico, con un formidable currículum. Trabajó en la Selección Argentina Sub-20 y de Mayores junto al Checho Batista, y participó de la Copa América 2011. Además, fue el profesor de la delegación Sub-23, que obtuvo la medalla dorada en los JJOO de Beijín 2008. También lo acompañó al Checho en la experiencia como cuerpo técnico de la Selección de Baréin. Se desempeñó como subcoordinador general y coordinador del área física de las Selecciones Juveniles de Chile. En cuanto a clubes, trabajó en San Lorenzo, Tigre, Argentinos Juniors, Quilmes, Godoy Cruz, Instituto de Córdoba, Nueva Chicago, Los Andes, Estudiantes de Buenos Aires, Defensores de Belgrano y San Telmo. Alejandro jugó como marcador de punta en las inferiores de Chacarita, Argentinos, y llegó a jugar en la Primera de San Telmo. Pero fue Hugo, desde su gran sabiduría, quien aclaró su camino: "Lo fui a ver un partido que jugó con San Telmo en cancha del Porvenir. Al terminar, lo esperé y nos volvimos juntos en el auto. Ale, además de jugar, estaba haciendo el curso para preparador físico. En un momento del viaje, me comentó que me quería hacer una pregunta y que le respondiese con mucha sinceridad. Me preguntó si le aconsejaba seguir jugando o dedicarse de lleno a la preparación física. Le respondí que iba a poder jugar en San Telmo, en algunos otros equipos, pero que nunca iba a llegar a lo que él deseaba. Le dije que, si estaba entusiasmado con la carrera de profesor, se dedicara de lleno a eso. Me abrazó, me dio un beso y, a los días, dejó de jugar para dedicarse a la preparación física". En una sociedad como la argentina, donde todos dudamos de todo y de todos, es lógico que muchos hagan el siguiente burdo análisis: "Es obvio que alguien tan importante como Tocalli va a acomodar a sus hijos dentro del fútbol". Pues esta anécdota narrada por Hugo echa por tierra esa pavada: "Cuando Pékerman se fue a trabajar al Leganés de España en 2003, se me llevó al profesor Eduardo Urtasún. Yo me quedé a cargo de todas las Selecciones Juveniles y tenía que traer un preparador físico para reemplazar a Urtazún. El ideal era mi hijo, pero no lo llevé. Tuve que hacer una comida familiar para comentarle que no lo iba a llevar y pedirle disculpas. Alejandro, y también Martín, hicieron solos su camino, sin tener que ir yo a golpear puertas". Martín, el menor, es un formidable entrenador de arqueros. Actualmente, hace ya un tiempo, lo hace en la Selección Argentina Mayor. También fue entrenador de arqueros de la selección chilena, San Lorenzo, Rosario Central, Sevilla, algunos de los importantes lugares en donde trabajó y que reflejan su brillante carrera. También incursionó en la parte táctica y estratégica: fue entrenador de la sexta de Lanús. "El fútbol es mi pasión y que mis hijos estén en el fútbol es una alegría muy grande. Nunca los presioné; todo fue por decisión de ellos. Por supuesto que siempre los ayudé en todo lo que pude, aconsejándolos".

Por supuesto, Martín y Alejandro no podían quedar fuera de este libro…

"Cuando se refieren a mí, muchos dicen: 'Martín Tocalli, entrenador de arqueros de la Selección e hijo de Hugo'. Siempre está esa aclaración, y a mí me da orgullo, lejos de molestarme o de pesarme. Mi ídolo es mi viejo. Soy hijo de alguien derecho, una persona de bien. Hugo siempre nos inculcó, a mí y a Alejandro, que, si queríamos ser alguien dentro del fútbol, cada uno en su rol, teníamos que empezar de abajo. Arranqué trabajando en Sacachispas en Primera D. Nos bajó un mensaje muy claro desde que éramos chicos. Siempre estuvo la mirada externa de 'ser el hijo de…', pero lo tomé con mucha naturalidad; no me pesó en ningún momento. Siempre tuve los pies sobre la tierra. Nunca me detuve a darles demasiada importancia a los comentarios externos, ni para bien ni para mal. Sé que aún debe de haber gente que piensa que pude hacer la carrera que hice como entrenador de arqueros por ser el hijo de Hugo. Siempre me esforcé para poder trascender en esto, porque es lo que me apasiona. Busqué demostrar a través de los hechos propios hasta dónde uno puede llegar, sin detenerme en el qué dirán. Cuando decidí dejar mi carrera como arquero, tuve claro que quería seguir vinculado al fútbol desde algún lado. Por eso hice la carrera para preparador físico, el curso de entrenador. Pero mi pasión fue, y es, ser entrenador de arqueros, y elegí ese camino. Hoy, al estar en la Selección Argentina, es fácil decir que no me equivoqué con la decisión. Pero no es por eso; no me equivoqué porque fui feliz todos estos años desarrollando esta profesión. Ese es el logro, más allá de adónde se llega. De chiquito sentía que lo mío era el arco, atajar; lo tenía incorporado. Fue muy natural, más allá de que mi tío y mi viejo hayan sido arqueros, lo que sirvió para ratificar mi gusto. Que mi viejo, Alejandro y yo hayamos podido dedicarnos a desarrollarnos dentro del fútbol en las diferentes facetas es gracias a mi vieja. Ella fue el sostén de la familia; es la vida misma. Sin ella no hubiésemos podido. Entregó su vida a su marido y a sus hijos; así ella fue feliz. Es la más grande. En mi mujer encuentro muchas cosas de mi vieja en ese sentido. Yo le debo mucho a mi esposa; todo lo que pude lograr fue gracias a su compañía incondicional. Hoy soy compañero de trabajo de cuatro exjugadores que lo tuvieron a mi viejo y, cuando hablan de él, sin compromiso, remarcan cómo Hugo los formó para la vida, cómo les inculcó valores. Hoy ellos bajan la misma línea. Me llena de orgullo. Mi viejo siempre hizo lo que dijo: pregonó con el ejemplo. Es lo que se ve, con lo bueno y lo malo. El fútbol es su vida y su pasión. A veces le digo: 'Dejate de hinchar las bolas, no labures más', y me dice: 'Si dejo de trabajar, dentro de un año me muero'. Tiene todavía unas energías y unas ganas tremendas de seguir inculcando valores y formando, que no lo entiendo como otra cosa que el motor de su pasión. Parece que tiene cuarenta años menos de los que tiene. Que mi viejo esté orgulloso de mí, para mí, es muy importante. Ojalá mis hijas logren estar tan orgullosas del padre que tienen como yo lo estoy del mío". (Martín Tocalli).

"Desde el primer minuto tuve claro que, si quería trascender dentro del fútbol, tenía que forjar mi propio camino al margen de mi viejo. Me he ido a probar a clubes con un apellido inventado; decía que me llamaba *Alejandro Rodríguez* o *González* para no quedar por ser el hijo de Tocalli o condicionar por eso. Nunca quise *chapear* con el apellido; intenté siempre mantener el perfil bajo como me inculcó el viejo. Cuando estuve en las Inferiores de Argentinos Juniors, en la quinta división me dirigió Pékerman... Esas cosas de la vida... increíble. A los 16, 17 años, ya estaba estudiando el profesorado de Educación Física. En un momento, le dije a José que iba a dejar por un tiempo el fútbol porque tenía exámenes importantes que rendir. Trabajé cinco años en San Telmo como profe yendo a la Isla Maciel. Mis amigos me decían: '¿Para qué, Ale? ¿Vas ahí por 300 pesos?'. Y les decía que sí, porque me gustaba, porque aprendía. Me tomaba un colectivo, un subte, el bote para cruzar el Riachuelo, que te salpicaba todo. Llegaba a casa y le contaba la travesía que tenía que hacer a mi viejo. Me decía que viviera la experiencia, que hiciera el esfuerzo, que él me iba a premiar dentro de un tiempo. A los seis meses apareció con un Fiat 128 Super Europa y me dijo que, luego del sacrificio, ahora tenía mi autito. Cuando empecé a trascender como preparador físico, tenía la ventaja de que, lugar adonde iba, lugar en el que mi papá tenía buena reputación. Mi viejo nos dejó las puertas abiertas a Martín y a mí en todos los lugares por donde pasó, desde el lado humano, sobre todo. También he sentido la mirada especial de ser 'el hijo de...' tanto para bien como para mal. Si el equipo andaba bien, yo era muy bueno; si iba más o menos, yo hacía las cosas muy mal. Hubo más de una oportunidad en que, en las selecciones juveniles, estando mi viejo, necesitaban un profe, y mi perfil cumplía los requisitos, pero Hugo no me llevó por el qué dirán. Llegué a las juveniles con el Checho Batista, para remplazarlo a mi viejo, que se había ido. Lo que más nos llena de orgullo a mí, mi hermano, mi viejo y mi tío, es que se diga que los Tocalli son buena gente. No es un esfuerzo para nosotros ser buena gente: estamos criados así. Mis viejos nos marcaron muy claramente el camino que debíamos seguir y los valores. Nos inculcaron que las cosas importantes son el amor, el cariño, el compañerismo, la solidaridad. Nos dejaron claro qué estaba bien y qué estaba mal. Mi viejo no vive del fútbol: vive para el fútbol. Su felicidad es el fútbol. Hugo es intachable. Tiene un ojo para descubrir talentos, que es impresionante. Mi vieja fue el sostén fundamental para él; lo apoyó siempre. Pude encontrar a una mujer que también me acompaña incondicionalmente a todos lados; eso es impagable. Con Martín nos la pasamos laburando; eso nos inculcó papá. Hugo disfruta de las pequeñas cosas; es un tipo simple. Ama a su mujer, a sus nietos, a sus hijos, a su familia". (Alejandro Tocalli).

El Lobo Ledesma coincidió a lo largo de su carrera con Martín y con Alejandro. Cuando jugó en Argentinos Juniors en el 2006, Ale era el preparador físico del cuerpo técnico de Alejandro Domenech. En 2007 integró un gran equipo de San Lorenzo, siendo campeón. El entrenador de arqueros del Ciclón, por ese entonces, era Martín. En su primera experiencia como técnico al frente de Tigre, a la hora de armar su grupo de trabajo, el Lobo no dudó cuando se tuvo que decidir por un preparador físico: lo llamó a Alejandro Tocalli. También compartió momentos con Hugo en su juventud, cuando fue convocado a la Selección Sub-17 y también a una Sub-23.

Ledesma no es solo una palabra autorizada por la notable carrera que supo hacer y por sus fenomenales cualidades como volante central. También lo es por su condición humana. Un tipo intachable dentro del fútbol, reconocido y valorado como un tipo de bien, con valores, humildad, moral y ética. Por eso es palabra más que autorizada, en todo aspecto, para referirse a Alejandro y a Martín:

"Con Martín coincidimos en San Lorenzo y nos llevábamos muy bien. Era muy humilde, muy ubicado. Tengo los mejores recuerdos de él. Hemos compartido muchas charlas. Gran persona. Luego seguimos manteniendo el contacto y, siempre que me lo encuentro, a pesar del crecimiento tremendo en lo profesional que viene teniendo, siempre mantuvo la humildad. Es muy importante que las personas sigan siendo las mismas, por más que crezcan en lo suyo. Ale es uno de los mejores preparadores físicos de Argentina. También es una gran persona, con muchos valores, de una humildad enorme, con mucho compromiso por el trabajo. Por la experiencia de haberlo conocido cuando jugué en el 2006 en Argentinos y él era el profe, me quedaron los mejores recuerdos y fue así como, cuando empecé mi carrera como entrenador y tuve que conformar mi grupo de trabajo, el primer nombre que se me vino a la cabeza como preparador físico fue el de él. Para mí es muy importante estar rodeado de buena gente. Ninguno de los dos jamás chapeó con el apellido. Son muy capaces: se prepararon".

Al lado de todo gran hombre...

"Cuando vine a San Lorenzo, me hospedaba en una pensión del club. Beatriz trabajaba enfrente en un local de artículos del hogar y al mediodía salía a comer a un bar al cual yo también iba, en Entre Ríos y México. Nos conocimos y concretamos una salida. Yo tenía 19, 20 años. Desde ese momento no nos separamos nunca más hasta el día de hoy. En ese tiempo tenía que hacer el servicio militar y no tenía un peso. Ya estando en Morón, mi sueldo era muy bajo. Beatriz me llevó a vivir a su casa, donde me ofreció una habitación, con la autorización de sus padres. Ya estaba cansado de vivir solo, en pensiones. Me levantaba a las cuatro de la mañana para ir al servicio militar; después iba a entrenar y luego me iba a trabajar a una tornería tres horas para que lo que me pagaban me alcanzase para cubrir los gastos del día. El 9 de enero de 1971, nos casamos. Es el gran amor de mi vida. Ella ha criado a nuestros hijos porque, como jugador, estaba mucho tiempo concentrado y viajando, y luego como entrenador vivía pensando en mi trabajo. Es una compañera extraordinaria. Ella sabe que el fútbol es mi pasión, parte de mi vida, que, si me faltase el fútbol, no sería feliz. Me sigue aguantando. Es una gran compañera".

2

Historia de maestro y alumno: Yudica–Tocalli

José Yudica es una de las máximas leyendas de la historia del fútbol argentino, indiscutiblemente. Tuvo una muy buena carrera como volante, pero su verdadera marca estaría del otro lado de la línea de cal. Como entrenador, el Piojo forjaría hitos memorables. Fue el primer técnico en sacar campeones a tres equipos argentinos diferentes: Quilmes, Argentinos Juniors (campeón local y de la Copa Libertadores) y Newell's. Solamente fue alcanzado, muchos años después, por el Tolo Gallego. Además, ascendió a San Lorenzo a Primera A y llevó a *La Lepra* a la final de la Libertadores. Como si todo eso fuese poco, el Piojo cuelga otra importante medalla: ser el mentor de quien luego se convertiría en uno de los grandes maestros del fútbol: Hugo Tocalli. Fue José quien lo llevó a dirigir las Inferiores de Vélez en 1986 cuando él se hizo cargo del plantel profesional; fue la primera experiencia de Hugo tras su retiro como arquero. También lo eligió como su ayudante de campo cuando dirigió a Platense. Sabio como pocos, Yudica veía algo especial en Tocalli, y por supuesto, no se confundió. Así lo recuerda:

"A Hugo lo aprecio: es un gran amigo. Cuando dirigí a Quilmes, él era el arquero titular del equipo, y me ayudó muchísimo.

Fue muy importante en esos años gloriosos de Quilmes. Estaba muy conforme con la forma en la que Hugo trabajaba. Cuando hablábamos, yo me daba cuenta de que teníamos ideas similares y por eso, años después, lo elegí para que fuera mi ayudante de campo en Platense y también lo llevé a trabajar en las Inferiores de Vélez cuando yo dirigía el primer equipo. Hugo es alguien muy sencillo. Siempre lo sentí cerca de lo que uno decía y pregonaba. Si lo tengo que definir, diría que Hugo es una persona en la cual uno puede depositar toda la confianza y la expectativa, porque nunca lo va a hacer quedar mal, ni desde lo profesional ni desde lo humano".

Y Hugo no lo hizo quedar mal. En las Inferiores de Vélez estuvo tres años y realizó un gran trabajo formando camadas extraordinarias, que luego serían ídolos del club y obtendrían memorables logros. Así lo recuerda Tocalli: "Vélez quería hacer una restructuración, comenzar un ambicioso proyecto con los Juveniles. Fui con la idea de hacer un selectivo de chicos entre 16 y 20 años para que trabajaran al lado de la Primera y estuvieran siempre disponibles para cuando el entrenador necesitara alguno. Eso le da experiencia y lo foguea al chico. Cada 15 días armaba un amistoso con equipos de la B. En el primer selectivo que armé, estaban el Pacha Cardozo, el Coio Almandoz, el Cholo Simeone. Después vinieron Mauricio Pellegrino, el Turu Flores, Patricio Camps, Carlos Compagnucci, Tito Pompei, el Negro Gómez". En 1989 dejó la cantera del Fortín para ir a dirigir la Primera de Quilmes, en donde perdió la final por el ascenso a la A con Huracán.

Por supuesto, Hugo no se olvida de Yudica: "El Piojo fue mi maestro. Lo respeté siempre. Lo quiero mucho. He aprendido mucho de él. En cómo tratar a la gente, en ser respetuoso, educado, transparente. Me marcó. Soy un agradecido. Me inició en esto".

Una historia de película

A Hugo Tocalli, Mauricio Pellegrino y Carlos Compagnucci los une una risueña historia, de esas lindas que tiene el fútbol, casi sacada de un cuento del Negro Fontanarrosa.

Tanto Mauricio como Carlos son glorias de Vélez, integrantes de la época más dorada del club. Ambos llegaron a las Inferiores del Fortín, en diferentes años, de la mano de Hugo cuando este era el coordinador del área. Tocalli no solamente les cambió la vida dándoles la oportunidad de entrar en Vélez para comenzar lo que luego serían grandes carreras, sino que les permitió conocerse y forjar una hermandad de la vida. Pellegrino y Compagnucci son íntimos amigos y conforman juntos una muy buena dupla técnica con importantes trabajos en diversos clubes.

Así recuerda Hugo cómo descubrió a Pellegrino:

"Yo estaba trabajando en las Inferiores de Vélez. Un sábado, estaba mirando los partidos de la fecha de las categorías que jugaban de local y se me acercan unas personas vestidas de blanco. Eran jugadores de bochas del club. Nos pusimos a hablar; ellos eran de Leones, un pueblo de Córdoba cercano a Monte Buey. Me dijeron que tenía que ir a ver un crack que había en Leones, un enganche muy habilidoso de apellido Pellegrino. Me anoté el nombre del chico en la carpeta y les agradecí. A fin de año fui a pasar las fiestas a Monte Buey y de camino aproveché para ir a Leones a buscarlo. Empecé a preguntar hasta dar con su casa. Fui y me atendió la madre; le dije que era Tocalli, de las Inferiores de Vélez, que quería ver a Mauricio. Me dijo que no estaba, que se había ido con su padre al campo, que regresaban enseguida y me hizo pasar amablemente".

El resto de la historia la cuenta Mauricio:

"Mi mamá se confundió; yo no estaba en el campo. Estaba en la habitación de mi padre, acostado. Hacía mucho calor, era diciembre. Se ve que mi mamá me buscó y no me encontró, y pensó que me había ido con papá a ayudarlo al campo. Cuando escucho que el señor que entró dice: 'Soy Tocalli, de Vélez', salté de la cama y aparecí en calzoncillos. Hugo vio a un chico de 16 años, muy alto, en calzoncillos. Esa es la primera imagen mía que conoció. 'Aquí estoy', dije. En mi casa no había mucho para ofrecer, y mi madre le convidó una sidra a las nueve de la mañana. Me invitó a hacer una prueba en Vélez el lunes 23 de enero. Yo recién había terminado el secundario y no sabía qué hacer, y justo aparece Hugo. Fue una revolución en mi vida; me vino como caído del cielo, el destino. Fui a probarme, pero para ver qué pasaba, no con intención de jugar en la Primera de Vélez. Nunca en mi vida había ido a Buenos Aires. Eso habla del amor de Hugo por la profesión, irse casi en Navidad a un pueblo a buscar a un chico. Fui, me probé de enganche y quedé. Durante una de las pruebas, que era contra la Primera, tuve que hacerme el lesionado para salir porque estaba muy cansado de tanto correr, no podía aguantar el ritmo. Le dije: 'Señor Tocalli, me duele la rodilla'. Hugo me dijo que saliera pero, cuando terminó la práctica, vino, me puso la mano en el hombro y me dijo: 'Estabas cansado, ¿no?', y le dije que sí. Empecé bien, pero me costó mucho la adaptación. Jugué un par de partidos en quinta y me lesioné de la espalda, y no jugué más en todo el año. A fin de año, Hugo me llamó y me dijo que había hecho todo como para dejarme libre. También me dijo que yo era muy respetuoso, responsable y trabajador, y que por esos valores merecía una segunda oportunidad. Eso nunca más me lo olvido: la charla fue en la tribuna local de la cancha de Vélez. Al año siguiente empecé a jugar con mucha continuidad, y Hugo se fue de entrenador a Quilmes. Fue entonces cuando me cambiaron de posición y me pusieron de central. Hugo siempre me dice: 'Me cambiaron al chico que traje, ¿cómo te pusieron de central? Vos eras un volante habilidoso'. Hoy me considero amigo de Hugo. Es un ejemplo de persona. Él predica con el ejemplo".

Monte Buey es un pueblo pequeño; como tal, las posibilidades de forjar gran cantidad de oriundos que trasciendan en el deporte a nivel nacional son escasas. Dentro del fútbol hay dos: Tocalli y Compagnucci. Lo más lindo es que fue Hugo quien le dio la chance a Carlos. Muchos años después, Tocalli volvió a elegirlo, esta vez para que fuera su ayudante de campo en los procesos en que dirigió a Vélez, Colo-Colo y Quilmes.

"Yo llegué a las Inferiores de Vélez en 1986 gracias a Hugo. A los 14 años ya jugaba en la Primera de mi pueblo. Cuando él iba a pasar las fiestas o a visitar a su familia, siempre gente del pueblo le decía: 'Che, llevate a este pibe a jugar a Buenos Aires'. Hugo me quería traer, y un día se dio la posibilidad de venirme a probar a Vélez, y quedé. Estando Hugo, se me hizo más fácil el tema de la adaptación. Yo anteriormente había estado un tiempo en Racing de Córdoba y me había vuelto porque estaba lejos de mi familia. En Buenos Aires estaba aún más lejos, pero Hugo me contuvo y me ayudó. Los fines de semana, cuando los chicos estaban con sus familias, yo iba a comer muchas veces a lo de Hugo. Fue alguien muy importante para mí. Me dio muchos consejos para la vida, más allá de lo futbolístico. Me profesionalizó mucho como jugador. Me marcó en la parte humana. Cuando tenía que hacer el viaje de egresados de fin de secundaria con los compañeros de mi curso, él no me dejó ir porque tenía que jugar un partido de reserva. En el momento me quería matar, pero a la larga te das cuenta de la importancia de esas cosas. De sacrificar ciertas cosas para tener otras recompensas. Hugo siempre tuvo un ojo tremendo para descubrir talentos. Luego de mi retiro como jugador, trabajé dirigiendo en las Inferiores de Vélez. Muchas cosas que él me inculcó trataba de llevarlas a cabo. Luego, cuando comenzó su carrera como entrenador de Primera, me eligió para que fuera su ayudante de campo de Vélez y luego en Colo-Colo, donde pudimos salir campeones. Ahí aprendí mucho con él. Cuando él agarró Vélez y me sumó a su cuerpo técnico, yo estaba trabajando en las Inferiores y conocía a la perfección la camada de jugadores jóvenes que estaban para dar el salto. Subimos a Primera a varios, que luego anduvieron muy bien. En Colo-Colo no arrancamos bien, pero los jugadores creían mucho en Hugo y le respondieron ante la adversidad para salir adelante y no paramos de ganar hasta lograr el título. Hugo es una persona que puede volver a cualquier lugar en donde trabajó porque dejó una buena imagen. Su camino es irreprochable".

3

La mayor obra de la historia del fútbol argentino

Jean Chalgrin y Jean-Arnaud Raymond fueron los arquitectos encargados de la construcción de uno de los monumentos más emblemáticos de la historia del planeta: El Arco del Triunfo, de París. José Pékerman, acompañado por Hugo Tocalli, fueron los constructores de otra obra extraordinaria, la más importante, revolucionaria, ambiciosa y exitosa del fútbol argentino, reconocida y admirada en todo el mundo. Fueron 14 años de un proyecto superador, sin precedentes, que se echa de menos cada día desde su culminación. Lo que ellos realizaron en las Juveniles de la Selección argentina, con José a la cabeza y con Hugo como su más cercano ladero, junto al honorable grupo de trabajo que los acompañó, es el Arco del Triunfo del fútbol de nuestro país.

El comienzo de la historia

"Yo recién había asumido como entrenador de Quilmes en 1994. El día anterior a jugar el primer partido ante Colón en Santa Fe, mi mujer me comenta por teléfono que había llamado a casa José Pékerman. Jugamos, empatamos y, cuando vuelvo a mi casa, los encuentro a mi señora y a mis dos hijos afuera, parados en la puerta. Intuí que algo raro pasaba. Ahí me comentó Beatriz que había vuelto a llamar José, y el motivo era para ofrecerme sumarme al proyecto de las Selecciones Juveniles, que había comenzado con él a la cabeza. Quilmes me dio la autorización y le di el okey. En un comienzo formamos la Sub-17 para conocer la mayor cantidad de chicos posibles. Pasaron no menos de 200 Sub-17 por el predio de AFA. Él era el entrenador de la Sub-20, y yo, su ayudante; y yo era el entrenador de la Sub-17 y él, mi ayudante. La gran meta inicial fue formar a los Sub-17 en lo humano y en lo futbolístico. Que supieran tirar un centro, cabecear, que supieran resolver los problemas rápido. Descubrir cuál era el jugador inteligente, cuál veíamos con potencial para la Selección Mayor y empezar a encaminarlo. Y, en la Sub-20, el objetivo era terminar de formar a los chicos para que cada vez estuvieran más cerca de jugar en la Mayor".

Los pilares centrales del proyecto: las claves del éxito

- **El grupo de trabajo**

"Una de las claves fundamentales del éxito de José fue el grupo de trabajo que formó. Con José nunca tuve un sí ni un no. Todos veíamos el fútbol muy parecido. El mensaje era claro: Pékerman era el jefe, y siempre respetamos eso. Nos daba mucha libertad para trabajar, pero sabíamos que él tenía la última palabra. Nunca hubo celos; nos llevamos perfectamente bien. Teníamos muchísima libertad todo el grupo de trabajo, para opinar, sugerir, etcétera. Pero, si el que estaba a la cabeza (primero José; después quedé yo) hacía algo diferente a lo que el resto decía, todos lo entendían y lo respetaban. Nunca hubo nada raro dentro del grupo; era todo muy simple, todo muy serio, todo muy responsable. Te puedo asegurar que conocíamos a todos los juveniles del país, y a los que estaban afuera. Era un pecado si se nos escapaba un jugador con potencial; era algo tremendo. Le hemos dedicado muchísimas horas a esto, muchísimos kilómetros. Fuimos incansables, no paramos un solo minuto".

- **Conducta y comportamiento: respeto, educación, juego limpio**

"Fue una bajada de línea central desde un comienzo. José lo habló delante de todo el grupo de trabajo como una de las metas obligadas. A los chicos les hicimos muchísimo hincapié en dos cosas que no podían faltar: la actitud y la conducta. Sosteníamos que, si un jugador se dedicaba a pegarle a un contrario, a discutir con el árbitro, se olvidaba de jugar. Nosotros estábamos formando chicos para que jugaran, no para que discutieran o pegaran. Es el día de hoy que muchos jugadores que tuvimos nos agradecen porque los hemos formado en la parte humana. El mensaje siempre fue muy claro; fuimos muy consecuentes, nunca cambiamos. A aquel chico que no tenía buen comportamiento lo sacábamos de los convocados sin que se enterara nadie, aunque, por suerte, siempre los chicos se comportaron muy bien. Eso no lo traicionamos nunca por ganar un partido".

Algunos ejemplos que lo reflejan: Argentina fue ganadora del premio Fair Play en el Sudamericano Sub-20 1995, el Mundial Sub-20 1997, el Mundial Sub-17 1997, el Sudamericano Sub-20 1999, el Mundial Sub-20 2001, el Sudamericano Sub-20 2003, el Sudamericano Sub-17 2003, el Sudamericano Sub-20 2005.

- **Priorizar el proyecto por sobre cualquier otra cosa (resultados, opinión de la prensa), manteniendo una identidad y estilo de juego**

"Nunca hemos cambiado ni traicionado las ideas; siempre tuvimos las cosas muy claras sobre qué camino seguir y cómo actuar. Nunca nos mareó un resultado positivo ni negativo. Ganábamos un torneo, y ya estábamos pensando en lo que venía. Nunca nos cambió el haber perdido un partido, ni la crítica de los periodistas; siempre seguimos apostando a lo mismo. Jugar bien era otro de los puntos fundamentales y era una bajada de línea clara que los chicos recibían".

- **Formar jugadores para la Selección Mayor**

"Siempre la prioridad, más allá de cualquier resultado deportivo, fue formar jugadores para entregarlos a la Mayor; esa era nuestra misión. Siempre le informábamos todo al entrenador que estaba de turno en la Mayor. Nos tocó Daniel Passarella en el primer período y luego Marcelo Bielsa, con el cual tuvimos una comunión de trabajo muy grande. Durante la última etapa nuestra, estaba el Coco Basile, con quien también había *feeling*. El objetivo era el progreso y crecimiento de los chicos para que luego pudieran asentarse en la Selección Mayor".

- **Arraigo con la camiseta**

"Desde un comienzo, constantemente les hablábamos a los chicos sobre lo que significaba representar la camiseta de la Selección. Que estaban defendiendo los colores de un país. Que tenían que dejar en alto la imagen de Argentina, en todo aspecto, cada vez que salían a jugar torneos a otros países. Les inculcábamos ese arraigo y amor por la camiseta celeste y blanca. Cuando teníamos que dejar, fuera de la lista de convocados para un torneo, a un chico, se nos largaban a llorar, pedían otra oportunidad. El argentino tiene un sentido de pertenencia muy grande. Eso no se tiene que perder. El día anterior a dar conocer una lista, tenía que tomarme pastillas para los nervios. Me emocionaba mucho, me ponía mal que un chico me agarrara del brazo y me pidiera otra oportunidad".

- **Recorrer el país para la captación de baluartes por el interior**

"Desde que asumió José y me sumó al proyecto, empezamos a hablar de recorrer el interior del país para buscar juveniles. Fuimos al Consejo Federal a pedir los teléfonos de todas las ligas del país para visitarlas y para que nos ayudaran a tener el conocimiento de todos los chicos de cada punto del mapa. Viajábamos mucho a las diferentes provincias, ciudades y organizábamos pruebas. También íbamos a jugar partidos con las Selecciones Juveniles al interior. Le dábamos importancia a todo el país. Así vimos a Luis Zubeldía, Javier Mascherano, Guille Pereyra, Pablo Aimar, entre otros, a los que convocamos a la Selección sin estar jugando en ningún equipo de AFA. Siempre intentamos que el interior se sintiera respaldado. Dábamos charlas técnicas con los entrenadores de las diferentes ligas, les dábamos nuestro apoyo. Nos preocupábamos mucho por el interior. Les demostrábamos a los chicos del interior que la Selección la tenían cerca porque, si hacían bien las cosas y progresaban, nosotros los íbamos a ver".

Ejemplo a nivel mundial

"En los años de Bielsa en la Mayor y de nosotros en las Juveniles, venían de todas partes del mundo a querer reunirse en el predio de AFA con nosotros. Querían interiorizarse del proyecto, de por qué daba tantos resultados. Eso fue una satisfacción, pero en el momento no nos dábamos cuenta de todo lo que íbamos generando por estar tan compenetrados con nuestro trabajo. Tal fue el fenómeno que generamos en las Juveniles que Inglaterra, durante un tiempo, no compraba jugadores si no habían pasado por Selecciones Juveniles".

Diferentes personalidades, complemento perfecto

Si bien tenían las mismas ideas, pregonaban las mismas premisas, veían el fútbol de igual manera, bajaban idéntica línea y tenían los mismos valores y filosofía de vida; José y Hugo tenían cada uno su personalidad, las cuales eran diferentes en diversos aspectos.

"Mi personalidad era de hablar más con el jugador enérgicamente. José hablaba más tranquilo. Yo era más de acción. Todo lo que hacía era para *enchufarlo* al jugador tanto en los partidos como en las prácticas. Tenían que estar siempre al ciento por ciento. Se tenían que ir de cada entrenamiento habiendo aprendido algo nuevo; si eso no pasaba, nosotros habíamos hecho algo mal en nuestro trabajo. Pero José tenía una palabra muy firme y, cuando había que ponerse duro, lo hacía, y no se volvía para atrás. Ambos teníamos las mismas ideas, pero cada uno tenía sus formas de ejecutarlas en cuanto a la forma de ser. Siempre la palabra final era la de José. Nunca tuvimos una sola discusión".

Durante los 14 años que duró el proceso, Argentina disputó siete Sudamericanos y siete Mundiales Sub-20. El futbolero sabe que, de esas 14 competencias, se ganaron ocho (cinco Mundiales y tres Sudamericanos), y recuerda los grandes baluartes que integraron esos diferentes planteles que luego fueron jugadores de primer nivel mundial. A continuación, Hugo profundizará en lo que la gente no conoce, en el detrás de escena, la "cocina". ¿Cómo se preparó cada lista? ¿Cómo se seleccionaba a los convocados? ¿Cómo se los veía para *descubrirlos* y sumarlos? ¿Por qué algunos fueron convocados a último momento? ¿Por qué algunos que disputaron el Sudamericano luego no fueron al Mundial de ese año y viceversa? Todos esos detalles los recuerda el propio Tocalli.

- **Sudamericano de Bolivia 1995 (2.° puesto)**

"José asumió en octubre de 1994, y sabíamos que teníamos tres meses para preparar un Sudamericano en la altura. El torneo comenzó un 8 de enero pero, para adaptarnos a la altura, la delegación viajó el 26 de diciembre. Yo fui dos días después porque me quedé a esperarlo a Juampi Sorín, que ya estaba jugando en la Selección Mayor, y Passarella lo había convocado para jugar un amistoso el 27. El 28 viajamos juntos a La Paz. Lamentablemente, no pudimos contar con el Muñeco Gallardo porque, para Passarella, ya era un jugador fijo de la Selección Mayor, y lo necesitaba, cosa en la que nosotros coincidimos con Daniel. Tampoco pudimos llevarlo a Hernán Crespo porque se permitían chicos que cumplían años de agosto en adelante, y Hernán cumplía antes; así que, por una cuestión de meses, nos perdimos de llevar a un grandísimo jugador. Para los chicos fue muy duro pasar fin de año lejos de su familia: lloraron mucho. Pero la ilusión que teníamos todos era muy grande. Los chicos entendieron nuestro mensaje de que, para lograr grandes cosas, hay que hacer sacrificios importantes. Nos adaptamos bien a la altura; hicimos un buen torneo y perdimos solo el partido final ante Brasil".

- **Mundial de Qatar 1995 (campeón)**

"Yo no pude ir a ese Mundial con José porque tuve que irme a dirigir un Sudamericano Sub-17 en Perú, que se jugaba en las mismas fechas porque se había atrasado. Luego del Sudamericano de Bolivia, se pudo afianzar mucho más la base de ese equipo, y se conformó un grupo de hombres con mucha personalidad para jugar. Tuvimos un jugador que, para nosotros, fue clave, como Ariel Ibagaza, un chico con mucho talento. Walter Coyette también nos aportó mucho. Arriba teníamos a Leo Biagini al que, después del Mundial, vendieron al Atlético de Madrid. Germán Arangio le dio también jerarquía al equipo. A Sebastián Pena, José lo conocía desde muy chiquito en Argentinos Juniors, y tuvo un gran papel en el Sudamericano y en ese Mundial. Se nos lesionó Diego Crosa, que era el zaguero izquierdo; José tuvo que convencerlo a Sorín para que cumpliera esa función de seis y para que Fede Domínguez jugara de tres. Se hizo una defensa muy buena. Juampi respondió muy bien. Ese Mundial nos dio un espaldarazo muy grande porque la gente empezó a confiar en nosotros y en nuestro proyecto. Julio Grondona estaba muy contento con el trabajo que estábamos haciendo".

- **Sudamericano de Chile 1997 (campeón)**

"Ya teníamos más conocimientos y más tiempo para trabajar y buscar jugadores que en 1995. Entre todo el grupo de trabajo, los fines de semana nos repartíamos los lugares adonde ir a ver jugadores. Los sábados, a Inferiores, a diferentes clubes, y los domingos, a ver las reservas. Un sábado, cerca de mitad de ese año, a José le tocó ir a ver Newell's–Independiente. Luego de cada jornada, nos llamábamos para contarnos cómo le había ido a cada uno, y José ese día me comentó que había citado para el lunes a tres chicos de NOB: Walter Samuel, Facundo Quiroga y el Cholo Guiñazú. Con el tiempo nos era más sencillo formar una Sub-20 porque eran muchos de los mismos chicos que ya veníamos formando en la Sub-17 y teníamos un conocimiento muy grande de todos. Ese equipo que conformamos para el Sudamericano y luego para el Mundial de Malasia era muy seguro en defensa, con mucho fútbol en el mediocampo y goleador arriba".

- **Mundial de Malasia 1997 (campeón)**

"En el último partido de la primera fase, tuvimos una mala experiencia. José me mandó a ver a los equipos que nos podían tocar en octavos que eran Japón o España porque

creíamos que nosotros íbamos a terminar el grupo primeros, ya que el último partido era ante Australia; lo habíamos visto y pensábamos que le ganábamos. Y Australia
nos dio un sopapo y nos ganó el partido. Clasificamos
igual, pero nos tocó en octavos Inglaterra, con Michael
Owen. Pudimos derrotarlo, pero fue un rival duro. En
cuartos enfrentamos a un Brasil que venía haciendo cinco,
seis goles por partido. Planificamos mucho el partido con
José, y pudimos vencerlo dos a cero. En ese momento creímos en serio que podíamos ser campeones. A ese Mundial
no llevamos muchos defensores, pero confiábamos mucho
en Fabián Cubero, que era un volante central muy bueno,
pero sabíamos que lo podíamos utilizar de zaguero porque
ya lo habíamos probado en las prácticas. En la final con
Uruguay, a los cinco minutos ya perdíamos uno a cero, y
ellos habían estrellado un tiro libre en el palo. José se paró
desde el banco y empezó a gritar y a ordenar el equipo;
lo mismo hice yo, y ahí empezamos a tener más la pelota
y a dominar el juego. Terminamos dando vuelta el partido. Había un nivel extraordinario en ese equipo con Leo
Franco, Leandro Cufré, Samuel, Diego Placente, Cuchu
Cambiasso, Pablo Aimar, Román Riquelme, Bernardo Romeo, todos jugadores que luego llegaron a triunfar a nivel
mundial".

- **Sudamericano de Mar del Plata 1999 (campeón)**

"En ese Sudamericano pudimos juntar a toda la camada
que veníamos formando en Sub-17. Era un equipo que
por momentos asustaba por lo bien que jugaba. El Rolfi
Montenegro, Aimar, Sixto Peralta, el *Leche* La Paglia, todos

jugadores de un pie exquisito. Imaginate tenerlos a todos juntos en un equipo. A veces con José decíamos de jugar sin delanteros teniéndolos a ellos. Abajo teníamos seguridad con Fernando Crosa y con Gabi Milito. El único que nos complicó en ese torneo fue Chile".

- **Mundial de Nigeria 1999 (octavos de final)**

"Nos encontramos con una sorpresa muy negativa en ese Mundial. Teníamos un gran equipo, pero caímos ante una realidad de vida compleja en Nigeria. No tuvimos una buena estadía. Estábamos todos muy impactados por la forma en que se vivía, impactados por la comida. Todo eso nos afectó, y no nos fue bien. Grondona estuvo durante todo el Mundial con nosotros y nos decía que en ese contexto era difícil jugar al fútbol. Por lo que habíamos hecho en el Sudamericano de Mar del Plata, creíamos que ese equipo estaba para pelear el primer puesto en el Mundial, pero nos complicó mucho la mala estadía que tuvimos. No pudimos llevarlo a La Paglia por el tema de sus lesiones, que le han jugado en contra en su carrera. Nosotros teníamos mucha fe depositada en él de que iba a ser algo muy similar a lo que fue Riquelme. Tenía unas condiciones tremendas; era un estratega y un táctico. No pudimos llevarlo, y lo sumamos al Pocho Insúa. Aimar tampoco pudo ir por lesión y no quisimos arriesgarlo".

- **Sudamericano de Ecuador 2001 (2.° puesto)**

"En ese momento yo era el entrenador de la Sub-20 y de la Sub-17, y el coordinador de las Selecciones Juveniles.

José estaba como Secretario General de Selecciones. Yo estaba preparando la Sub-20 para el Sudamericano cuando, poco tiempo antes, Grondona me había consultado si a mí me molestaba que José dirigiese la Sub-20 ese año, teniendo en cuenta que el Mundial iba a ser en Argentina y era el broche de oro para lo que José como técnico y yo como ayudante veníamos haciendo. Por supuesto, le dije que no tenía ningún problema porque siempre prioricé lo grupal por sobre lo individual. Fue José al Sudamericano, y yo me quedé formando la Sub-17. Como el Mundial era en Argentina, ya estábamos clasificados sin necesidad de los resultados del Sudamericano; por eso lo tomamos como un torneo para probar jugadores. De hecho, de los 19 chicos que integraron la lista, solo ocho luego estuvieron en el Mundial. No llevamos a Ecuador a jugadores como Javier Saviola, Maxi Rodríguez, Pipi Romagnoli, porque no necesitábamos verlos a ellos y sabíamos que iban fijo al Mundial".

• Mundial de Argentina 2001 (campeón)

"Al equipo que disputó ese Mundial yo lo defino como un *equipo asesino*. No pasaban diez minutos que ya convertíamos un gol. Extraordinario nivel lo de Andrés D'Alessandro, Romagnoli, Maxi Rodríguez, Saviola, Leo Ponzio, que jugó todo el torneo de número cuatro. Lamentablemente, se nos lesionó el *Chori* Domínguez en el partido contra Francia. José le cedió a Boca a Nico Burdisso en pleno Mundial para que fuera a jugar un partido de Libertadores y luego volvió; hasta nos permitimos eso porque confiábamos en el gran nivel de todos. Cualquiera llegaba al gol con mucha facilidad. Luis Zubeldía fue al Sudamericano y para nosotros iba al Mundial sin dudas, pero sus lesiones ya hicieron que no pudiera seguir jugando al fútbol. A D'Alessandro, que terminó siendo una de las grandes figuras, lo sumamos al grupo a último momento: no había ido al Sudamericano".

- **Sudamericano de Uruguay 2003 (campeón)**

"Para ese entonces José ya se había ido del proyecto de Juveniles y había dejado su cargo de Secretario General de Selecciones. Yo me quedé al frente de todos los juveniles. En ese Sudamericano tuve la satisfacción de poder juntar a Carlos Tévez y a Fernando Cavenaghi en ofensiva; conformaron una dupla formidable. En el medio lo teníamos a Javier Mascherano. Atrás, a un Javier Pinola que transmitía mucha seguridad. Hicimos un gran torneo".

- **Mundial de Emiratos Árabes 2003 (4.° puesto)**

"A Tévez no lo pudimos llevar al Mundial porque Boca tenía que jugar la final de una copa justo en esas fechas. Fue un buen Mundial en donde estuvimos cerca. Perdimos en semifinales uno a cero contra Brasil con un gol de cabeza. Fue una tristeza grande porque teníamos muchas ilusiones. Si pasábamos esa llave, creo que ese Mundial lo ganábamos. El equipo respondió y rindió mucho. Estuvimos muy cómodos en ese país; fue muy lindo. Ese equipo también dio muchos jugadores a la Selección Mayor, y eso siempre es lo que importa".

- **Sudamericano de Colombia 2005 (3.º puesto)**

"Cuando Bielsa renuncia a la Selección Mayor en 2004 y con José nos hacemos cargo, yo tenía que dejar todo mi trabajo en Juveniles. Quedaba un vacío, y por eso decidimos que teníamos que sumar a una persona que se hiciera cargo de la Sub-20 para el Sudamericano y para el Mundial que se avecinaba en 2005. Elegimos a Pancho Ferraro. Yo ya le había prometido a Messi que lo iba a llevar a ese Sudamericano en Colombia en lo que iba a ser su primera competencia oficial representando a la Argentina. Es por eso por lo que José me pidió que fuera yo como técnico a ese torneo para acompañarlo a Pancho".

- **Mundial de Holanda 2005 (campeón)**

"Ahí sí ya Pancho tuvo la autoridad total y se hizo cargo de armar la lista, haciendo los cambios que le pareciera. Lo llevó al Kun Agüero cuando era muy chico. No lo llevó a Lavezzi ni a Barrientos. No pude seguir mucho el Mundial porque nosotros estábamos jugando en ese momento la Copa Confederaciones en Alemania. Pero sí estábamos en contacto diario con Pancho. En seguida, después de ese Mundial, con José decidimos empezar a convocarlo a Messi a la Mayor".

- **Sudamericano de Paraguay 2007 (2.º puesto)**

"Después del Mundial de Alemania 2006, José dejó su cargo de entrenador de la Selección Mayor, y yo volví a hacerme cargo de los juveniles. Tojo seguía y, además, lo sumamos a Jorge Theiler. Hubo varios jugadores que no pudimos llevar a ese Sudamericano. Como Agüero, que ya estaba asentado en la primera de Independiente. No fue un torneo fácil: hubo un nivel duro. Un Chile que estaba gestando su camada de oro con Vidal, Alexis Sánchez, Medel. El primero y el segundo iban a los Juegos Olímpicos de Beijín 2008. Si bien clasificamos al Mundial y a los JJOO, cuando volvimos a Argentina, sentí que no estaba del todo conforme con el rendimiento que había tenido el equipo, y decidí hacer varios cambios para el Mundial".

- **Mundial de Canadá 2007 (campeón)**

"Por esos años parecía que ya la figura del enganche estaba en vías de extinción, pero a mí siempre me gustó jugar con enganche. Lo puse a Maxi Morales como volante por derecha y por izquierda a Damián Escudero, que se lesionó en el primer partido, y entonces lo puse a Pablo Piatti. Arranqué con Agüero y con Mauro Zárate arriba, pero Zárate se lesionó en el debut y lo puse a Ángel Di María como segundo delantero. El equipo anduvo muy bien. Nos tocó enfrentar a Chile, y yo, en la interna, decía que, si lo pasábamos, nos podíamos sentir casi campeones. Luego de habernos consagrado campeones, el primer llamado que recibí para felicitarme cuando llegué al hotel fue el de José, que estaba en México. Eso me emocionó mucho. A los cuatro meses del Mundial, el Coco Basile citó para la Mayor a cuatro jugadores que habían participado: Chiquito Romero, Ever Banega, Agüero y Di María. Eso me dio mucha alegría".

Además, en esos años Argentina ganó una medalla dorada en Juegos Panamericanos, un Sudamericano Sub-17 y un Torneo Esperanzas de Toulon. Hugo recuerda esos logros.

- **Juegos Panamericanos Sub-23, Mar del Plata 1995**

"Desde que asumimos a fines de 1994, ya teníamos en claro que ese Panamericano lo iba a dirigir Daniel Passarella, aunque nos correspondiera a nosotros dirigirlo. Fue una decisión de Daniel, que nosotros acompañamos totalmente, ya que en ese torneo iban a jugar muchos chicos que él ya quería tener en cuenta para la Selección Mayor, como Gallardo, el *Ratón* Ayala, el *Burrito* Ortega, Crespo, Sorín, el *Pupi* Zanetti. Dirigirlos le iba a servir pensando en las eliminatorias que se avecinaban. José y yo hemos colaborado y hablado mucho con Passarella previamente al torneo y durante este. Estuvimos en Mar del Plata siguiendo los partidos. Además, nosotros teníamos un Sudamericano Sub-20 en tres meses, un Sub-17 en cinco meses; entonces, se nos iba a complicar también hacernos cargo de preparar y dirigir el equipo del Panamericano. Tuvimos una muy buena relación con Passarella y con el Tolo Gallego".

- **Torneo Esperanzas de Toulon Sub-21 1998**

"En ese torneo Riquelme brilló. Fue elegido el mejor jugador del torneo. Recuerdo que un día fui a ver un partido a la cancha auxiliar de Boca y estaba Mauricio Macri, presidente del club. Alguien de su entorno me fue a decir si podía acercarme, que él quería saludarme. Nos pusimos a charlar un poco y le comenté que estábamos muy interesados en llevarlo a Román a jugar el torneo de Toulon. Me dijo que él autorizaba a que lo lleváramos. Fueron muchos de los chicos que habían ganado el Mundial de Malasia; por eso sabíamos que teníamos un equipo muy competitivo como para ganar el torneo. Así fue. Yo no viajé con la delegación, porque me quedé acá trabajando con la Sub-20 y con la Sub-17. Además de esa vez, solo en 1975 Argentina lo ganó, con Menotti como técnico".

- **Sudamericano Sub-17 de Bolivia 2003**

"Fue un gran torneo. Fuimos campeones invictos; tuvimos el Premio al Juego Limpio. Fuimos el equipo más goleador, y Hernán Peirone fue el goleador del torneo. Fue un gran año el 2003. Veníamos de ganar el Sudamericano Sub-20 en Uruguay. Esa fue una de las mejores Sub-17 que hemos formado. Con jugadores como Oscar Ustari, Ezequiel Garay, Lucas Biglia, Mauro Formica. Lo que más destaco de ese Sudamericano fue haber ganado el premio al Fair Play. Eso me llenó de orgullo, porque era algo que siempre pregonamos con José. Fue la primera vez que ganábamos un Sudamericano Sub-17".

El final

Cuando Hugo hace tanto hincapié en remarcar que la clave central del éxito del proyecto fue el "grupo de trabajo", no lo dice por decir. Porque ese "grupo de trabajo" se entiende también como "grupo humano". Códigos, valores, generosidad, respeto; eso es lo que primó entre sus integrantes. Y por ese motivo concluyó el extraordinario periodo de 14 años. Terminó cuando en el 2007, desde AFA, le informaron a Hugo que tenían decidido prescindir de Miguel Ángel Tojo. Algo inexplicable. ¿Qué hizo Tocalli? Al día siguiente al que le confirmaron la noticia, renunció a su cargo en las Juveniles.

"Fue cuando regresamos de Canadá tras haber ganado el Mundial. Yo tenía todo arreglado para renovar por dos años más. Ya tenía en mente la creación de una Sub-23 para reclutar a aquellos jugadores que habían pasado por Sub-17 y Sub-20 y que no eran convocados a la Mayor, pese a estar en un buen nivel. Julio Grondona, al cual le tengo muchísimo respeto, cuando tenía que hablar algo con nosotros, nos citaba o en su ferretería de Sarandí o en la oficina que tenía en una estación de servicio en Avellaneda. A fines de octubre, principios de noviembre, me llaman un domingo para citarme a una reunión el lunes con Grondona en AFA. Yo en ese momento estaba comiendo un asado con mi familia; corté el teléfono y les dije: 'Mañana dejo de trabajar en las Juveniles'. Mirá si lo conocía a Grondona. En la reunión me dijeron que Tojo no tenía que seguir, y yo les dije que el que decidía sobre la gente que trabajaba conmigo era yo. Fui al predio de AFA, saludé a todos, les expliqué el motivo y me fui".

Hombres fundamentales del proyecto

Si bien José y Hugo fueron quienes encabezaron el proyecto de Selecciones Juveniles, naturalmente, no estuvieron solos. Detrás de ellos o, mejor dicho, a la par de ellos, hubo un extraordinario grupo de trabajo. Una clave de todo gran líder es saber rodearse de gente capaz, en la cual poder delegar y confiar a la hora del trabajo. Pékerman y Tocalli hicieron eso al pie de la letra.

• **Miguel Ángel Tojo**

"Estuve nueve años y pico dentro del proyecto de José y Hugo al frente, en los cuales hemos vivido muchas cosas. Fue una época dorada, no solamente por los logros conseguidos, sino por la formación de tantos chicos. Hemos hecho muchos viajes largos en avión y, más de una vez, alguna persona que viajaba en el mismo vuelo se nos acercaba para felicitarnos por el comportamiento de los chicos, que era impecable. O los encargados de los hoteles nos felicitaban también. Eso era muy lindo, aunque no trasciende tanto públicamente. Hoy esos chicos son hombres casados con hijos y, cada vez que hablo con alguno de ellos, te siguen agradeciendo por todos esos años. La bajada de José y de Hugo fue siempre la del orden, el respeto, el buen juego, el comportamiento y la formación de jugadores para la Selección Mayor. Los chicos se acostumbraron a eso. Fue todo muy profesional. Hemos ganado mundiales un viernes, y el lunes estábamos trabajando como si nada. El grupo de trabajo hacía que las cosas se hicieran fáciles; siempre mucho respeto entre todos, todos con la misma idea, encolumnados al proyecto. Pregonábamos con el ejemplo. Lo que les pedíamos a los chicos lo cumplíamos primero nosotros. Ser entrenador no es lo mismo que ser docente. Cuando recibís a un chico en formación, primero está la persona y después el jugador. Me he quedado muchas noches en el predio de AFA cuando no era obligación. Me encantaba la docencia, enseñar. Charlar con algún chico después de la cena. Ir pieza por pieza para ver cómo estaban, preguntarles por la familia, darles consejos. Me salía naturalmente. Eso a José y a Hugo les gustaba; siempre me dieron mucha libertad. Los chicos más destacados de las Juveniles, como Carlos Tévez, Kun Agüero, Leo Messi, sabían jugar muy bien a la pelota, pero no tanto al fútbol. Ellos con la pelota eran extraordinarios, pero había un problema: el juego continuaba cuando no la tenían en sus pies. Entonces había que enseñarles a jugar al fútbol en equipo. Que aprendieran a contribuir en la recuperación cuando el rival tenía la posesión, para que no se perdieran en la cancha. Que aprendiesen los movimientos cuando la tenía un compañero, para darle opciones de pase, para liberar espacios. La decisión que tomó Hugo de renunciar cuando le dijeron que me iban a echar no la compartí: para mí, él tenía que continuar. Me dio mucha lástima su salida. Pero esos gestos hablan de su persona. Hugo es un tipo muy serio, muy profesional, muy responsable. No transa con nadie; es primero el trabajo y segundo el trabajo: con él no hay juego que valga. Es muy exigente consigo mismo y con todos nosotros. A veces disfrutaba poco porque era mucha la tensión y preocupación que se metía. Ya es demasiado profesional, a límites llamativos. Conozco a toda su familia; gente hermosa. Su mujer, sus hijos. Hugo es buena gente".

Así lo recuerda Hugo a Miguel Ángel:

"Miguel era muy obsesivo del trabajo. Para él, era primero el trabajo; segundo, el trabajo; y tercero, el trabajo. Tenía conceptos que para los chicos eran muy útiles. Los aconsejaba, les hablaba, les enseñaba cosas del fútbol y de la vida. Si se tenía que quedar a dormir en el predio con los chicos del interior, lo hacía".

• **Francisco *Pancho* Ferraro**

"Yo estaba dirigiendo a Gimnasia y Esgrima de Jujuy en diciembre del 2004, cuando un día regreso a casa, y mi mujer me comunica que había llamado Pékerman y que quería hablar conmigo. Lo llamé y me dijo que quería tomar un café conmigo en el predio de AFA. Fui, y me recibieron José y Hugo. Ahí me propusieron dirigir la Selección Sub-20. A mí me interesaba mucho, pero tenía contrato en Jujuy: tenía que solicitar el permiso. Les aclaré que no tenía problema en ganar el sueldo que AFA me diera. Hablé con el presidente de Gimnasia y aceptó mi pedido. Le confirmé la noticia a Hugo ya que, cuando lo llamé a José, me daba ocupado el teléfono. Mi primera participación en el grupo fue acompañando a Hugo como su ayudante a un Sudamericano Sub-20 en Colombia, que clasificaba para el Mundial de Holanda 2005. Estuvimos 40 días allí y me sentí muy cómodo trabajando junto a Hugo; me dio lugar, me hacía participar de todo, me hacía opinar, hablar individualmente con algunos jugadores. El grupo de trabajo era muy unido; nos ayudábamos entre todos, todos colaborábamos. Se bajaba una línea permanente que era la del buen trato, la solidaridad, la honestidad. A los chicos no solo se les hablaba de fútbol, sino de la vida, de lo que significaba representar la camiseta argentina a nivel mundial, pero sin nunca presionarlos. Se les inculcaba que no vieran al adversario como un enemigo. Nos preocupábamos mucho por saber cómo estaban los chicos fuera de una cancha, cómo estaban en sus casas. Cuando José y Hugo agarraron la Mayor, me dieron total libertad para armar la Sub-20 de cara al Mundial de

Holanda 2005. Me dijeron que eligiera los jugadores que me pareciera, que jugara como me pareciera, pero siempre dejándome en claro que estaban a mi disposición para todo lo que necesitara. Me aclararon que, en un Mundial, la Sub-20 tenía que estar entre los cuatro finalistas pero, sobre todo, que alguno de esos chicos llegara a la mayor. Cuando volvimos de Holanda con la copa, al aterrizar, el piloto y las azafatas nos pidieron autógrafos y sacarse una foto con nosotros, no por haber salido campeones, sino por el comportamiento que habían tenido los chicos en el vuelo. Esas cosas eran muy lindas. Me tocó también estar a cargo de los Juveniles que fueron como *sparrings* al Mundial de mayores de Alemania 2006. Hoy, pasados varios años, uno siente el respeto y reconocimiento de la gente por lo que fue esa etapa. Hugo es una gran persona, frontal, que te dice las cosas como él las ve y las siente, siempre sincero. Hicimos una amistad bárbara con él y su familia. Es muy profesional. Ama esta profesión, ama el fútbol, ama el área de los juveniles. Reniega mucho porque quiere que las cosas salgan bien, porque tiene pensamientos a presente y a futuro. Ve todo muy simple y claro. Está siempre puliendo detalles. Dentro del fútbol ha dejado, y sigue dejando, una huella importante. A Hugo lo tienen que escuchar todos, porque siempre algo vas a aprender".

La opinión de Hugo sobre Pancho:

"Un señor. Una educación y un respeto total. Elegimos al hombre indicado e ideal cuando José y yo nos hicimos cargo de la mayor y necesitábamos alguien para la Sub-20. Lo de Pancho fue extraordinario en todo sentido".

• Eduardo Urtasún

(Emblemático preparador físico)

"Durante todos esos años pregonamos la vocación por la docencia. Para trabajar con Juveniles, más allá de la formación deportiva, se necesita la docencia. Respetamos a rajatabla el trato a los chicos desde el lado humano porque, antes que ser jugadores, son personas. Les marcábamos que tenían obligaciones y responsabilidades, pero que nosotros les íbamos a brindar todo nuestro apoyo para su desarrollo y formación futbolística y humana. Eran innegociables el respeto, la educación, la dedicación, la lealtad, la franqueza y la disciplina. No aceptábamos la mentira. Les dejábamos en claro que asumir las cosas con responsabilidad no significaba no disfrutar; queríamos que trabajaran con alegría. No queríamos que pasara un día sin que los chicos aprendiesen algo nuevo y se llevaran algo positivo para su formación. Las cosas fueron muy claras desde un comienzo. En Argentina todos te evalúan según los resultados, pero nosotros siempre tuvimos claro cuál era nuestro objetivo: la formación. En 1995, terminamos segundos en el Sudamericano de Bolivia, y perdimos el cuadrangular final contra Brasil. Pero ganamos el premio Fair Play. Un sector del periodismo casi se lo tomaba como una cargada ese premio; decían que estábamos formando pibitos de colegio. Nunca los comentarios de afuera nos hicieron mella, porque teníamos claro el camino elegido. Siempre buscamos que los chicos fueran los mejores, pero no a cualquier precio: queríamos cambiar algunos parámetros que, a nuestro criterio, estaban trastocados. Nunca cambiamos el mensaje en pos de perdurar; al contrario, con el paso del tiempo lo fuimos reafirmando y revalidando con cada nueva camada de juveniles. Pasábamos más tiempo con los chicos que con nuestra familia. Había mucho sentido de pertenencia. Los chicos que venían tomaban el espejo de los que se habían ido. El proyecto lo comenzamos José, Hugo, Gerardo Salorio y yo. Pero cada uno que se fue sumando al grupo de trabajo con el correr del tiempo no fue elegido por azar. Como Pancho Ferraro, Miguel Ángel Tojo y el Pato Fillol. Se elegía con criterio, por una valoración y conocimiento previos. Cada uno que se sumaba se acoplaba perfectamente. Las pautas estaban muy claras. La relación interpersonal entre todos era excelente. Todas las decisiones se tomaban pensando en lo mejor para los chicos. Nos era difícil tener que dejar a algunos fuera de una lista para un torneo, pero les decíamos que era solo un torneo y que, dentro de un tiempo, había otros e iban a tener la chance de estar si se la ganaban. Le pusimos mucha dedicación a esto. A veces sacábamos cuentas, y en un año pasábamos más tiempo viajando, disputando torneos, que en el país. Hoy, a la distancia, siento una gran satisfacción de ver lo que fue ese proyecto".

Hugo habla sobre el Profe:

"Eduardo jugó profesionalmente al fútbol y sabía lo que se necesitaba dentro de la cancha. Además de su función de profe, que era extraordinaria, también colaboraba en la parte técnica. Les enseñaba a los chicos cómo cabecear, cómo retroceder, cómo pegarle con una pierna y cómo con la otra. Fue muy importante. Alguien muy sabio, con alma de docente".

- **Pato Fillol**

"José y Hugo me llamaron en 1999 para que me sumara al grupo de trabajo de Juveniles. Ya venían haciendo una labor espectacular, y yo estaba al tanto de todo. José me dijo que confiaba mucho en mí y que, si aceptaba, iba a tener todo lo necesario para desarrollar mi trabajo. Sobre todo, me dijo que iba a tener tiempo y tranquilidad para trabajar. No querían que les sacara cuatro arqueros en cinco meses. Me sentí halagado de que me hubieran convocado, y acepté. Asumí el desafío con un compromiso tremendo. Ahí tenía que despojarme del gran arquero que había sido y transformarme en un futuro gran docente. Yo había conseguido casi todo dentro del fútbol como arquero, pero todavía no había demostrado nada como docente. Ellos confiaron en mí, y estoy tremendamente agradecido porque me dejaron desarrollar mis pensamientos y conocimientos. José y Hugo me dejaron en claro las reglas desde un comienzo, y yo las compartía. No fue difícil adaptarme a lo que pretendían. Hubo mucho entendimiento en todos los aspectos entre todo el grupo de trabajo. Hubo un antes y un después de José y Hugo en el fútbol argentino. Fue algo irrepetible. Todos los integrantes del grupo teníamos sacrificio, responsabilidad, humildad, ganas de seguir aprendiendo. No nos ocupamos solo de formar jugadores de fútbol, sino de formar personas con un proyecto de vida; siempre se pregonó eso. Yo aprendía viéndolos trabajar a José y a Hugo. Aprendí a hacer docencia. Hugo es un enorme luchador y un docente gigante. Un tipo que maneja códigos en la vida que son fundamentales. A mí me ha ayudado mucho trabajar con él. Aprendí y crecí en la formación como docente a su lado. Voy a ser un agradecido de por vida el haberme convocado para sumarme al proyecto".

Hugo recuerda al Pato:

"Los primeros años, además de dirigir junto a José, yo también entrenaba a los arqueros. Con el tiempo llegó un momento en que estaba desbordado de trabajo y necesitábamos alguien que se ocupara específicamente de los arqueros. La persona ideal era el Pato Fillol. Una leyenda del arco, el más grande. El tema era ver si semejante personalidad iba a aceptar. Dijo que sí y se sumó como uno más para aportar toda su experiencia y conocimientos".

- **Jorge Theiler**

"El llamado de Hugo para sumarme al proyecto de Selecciones Juveniles fue algo inolvidable. Trabajar en la Selección junto a alguien que venía haciendo historia como Tocalli fue cumplir un sueño. Lo tomé con mucho orgullo, pero con mucha responsabilidad porque sabía que no podía fallar; tenía que responderle estando a la altura. Me abrió las puertas desde el primer momento y me dio mucha participación. Fue un año de mucho aprendizaje, muy importante para mi carrera. Pude descubrir y experimentar desde adentro lo que es Hugo como persona y como trabajador. Es un hombre de bien. Un maestro del fútbol. Para ser maestro hay que tener experiencia, saber transmitirle los conceptos al jugador, aconsejarlo, guiarlo por el camino correcto; Hugo tiene todo eso. Es familiero; se preocupa por el que tiene al lado, tiene un gran corazón. Compartimos el Mundial Sub-20 de Canadá 2007, una experiencia maravillosa. Alguien que nos marcó a ambos fue José Yudica. Le voy a agradecer de por vida a Hugo la posibilidad de trabajar a su lado. En el fútbol se gana y se pierde; lo que no se negocia es la hombría de bien, y Tocalli tiene ese patrimonio, es alguien intachable".

Así habla Hugo de Jorge:

"Cuando tuve que incorporar a un nuevo integrante al proyecto, pensé en Jorge por el gran trabajo que había hecho en Newell's y en River. El Piojo Yudica me había hablado mucho de él. En Jorge encontré una persona maravillosa. Si retrocediera el tiempo, lo volvería a elegir mil veces. Sería el primero al que llamaría. Una persona extraordinaria, de un gran respeto y educación. Con muchos conocimientos".

- **Mario De Stéfano**
  (Marito, histórico utilero de la Selección)

"José y Hugo para mí fueron como dos padres, dos guías. Siempre los escuchaba, me han enseñado mucho. Me he mandado muchas macanas como utilero en las Juveniles en mis primeros años y, sin embargo, ellos me bancaron a muerte. Estoy eternamente agradecido a ellos. Fueron dos personas fundamentales en mi vida. Gente de valores. Me han dicho muchas cosas que uno en el momento decía: 'Están locos', y con el tiempo comprobé que era tal cual como ellos me lo decían. ¿Cómo hago para borrar todo lo que viví con Hugo? Es imposible: fue algo único. Es un recuerdo eterno. Me hicieron sentir importante a pesar de ser el último orejón del tarro. Hugo nos inculcó que teníamos que estar todos unidos, tirando para el mismo lado, desde los entrenadores, los kinesiólogos, los profes, los utileros, y que así íbamos a llegar al objetivo. Todos teníamos que poner nuestro granito de arena. Fue un proyecto que dio frutos impresionantes. Al margen de la parte de entrenadores, en Hugo y en José siempre prevalecía la humanidad. Mi abuelo me decía que toda la vida uno se tiene que hacer chiquito, que Dios te agranda. Pero no puedo negar que me enorgullece que alguien como Hugo me halague. Siempre fui el mismo. Con humildad se nace y se muere. Pude ir a mi primer Mundial de Mayores en Alemania 2006 con José y con Hugo. No tengo palabras para describir esa experiencia; fue inexplicable. Hugo tiene valores que la sociedad ha perdido. Un ser humano de los que ya no hay. Un hombre que me ganó en la vida porque muchas veces lo quise mandar a la mierda y hoy le digo: 'Gracias Hugo, gracias por lo que me enseñaste'".

Así recuerda Hugo a Marito:

"Fue un alma fundamental para nosotros. Fue un hombre de nuestra absoluta confianza por su lealtad, humildad y valores. Tenía mucha onda con todos los chicos. Es una grandísima persona. Fue alguien importante dentro del proyecto, al cual hoy sigo apreciando mucho".

Hugo recuerda a otros de los integrantes que conformaron el grupo de trabajo:

Gerardo Salorio, preparador físico

"Gerardo estuvo la mayor parte del proceso en la Sub-20. Fue uno de los que estuvieron desde el comienzo junto a José, Urtasún y yo. Tuvo un rol sumamente importante desde su función".

Ricardo Denari, médico traumatólogo

"Estuvo muy poquito tiempo con nosotros porque él a la vez trabajaba en Boca y se tuvo que decidir por Boca o por la Selección, y se quedó en el club. Habrán sido solo tres meses y, sin embargo, mantenemos el contacto y nos seguimos viendo".

Donato Villani, médico traumatólogo

"Un profesional de excelencia, reconocido y de mucho prestigio".

Daniel Martínez, médico traumatólogo

"Daniel tiene una linda historia. Él jugó en las Inferiores de Argentinos Juniors, donde lo dirigió Pékerman. Tuvo una lesión en la rodilla y dejó el fútbol. Se puso a estudiar Medicina, se recibió, y José lo llevó a trabajar en la Sub-17. Hoy en día es el médico de la Selección Mayor".

Raúl Lamas, kinesiólogo

"Una persona extraordinaria. Tenía los mismos códigos y pensamientos de vida que uno pregonaba. No llegó a jugar en Primera, pero había jugado al fútbol y sabía. Por eso lo mandábamos a ver partidos, además de ejercer su rol de kinesiólogo. Nos traía información de qué chicos había visto en tal club".

Marcelo Roffe, psicólogo

"Incorporar un psicólogo al grupo fue una idea de José. Hoy puedo decir que fue muy acertado porque es algo necesario. Venían muchos chicos del interior, y era muy bueno que tuvieran la contención de un profesional tan bueno como Marcelo".

Menciones especiales

Generoso y agradecido como lo es Hugo, no se olvida de aquellos que contribuyeron al proyecto desde su lugar.

"Si bien no era parte del cuerpo técnico, alguien que nos ha ayudado mucho fue Rubén Moschella, quien era el Delegado de la Selección. Estuvo siempre muy cercano a nosotros. Lo mismo que Omar Souto, Gerente de la Selección, que estuvo siempre a disposición para todo lo que necesitábamos. Nos acompañaba a todas partes. Fueron muy importantes y colaboraron mucho".

El legado

Muchos de esos jóvenes que pasaron por las manos de Pékerman y de Tocalli en las Selecciones Juveniles, que se formaron como personas y futbolistas con sus enseñanzas, consejos, ejemplos, hoy son entrenadores o integran cuerpos técnicos y, por supuesto, han tomado muchísimo de ellos: la forma de liderar, el mensaje hacia sus dirigidos, la idea futbolística, y, sobre todo, desde el lado humano.

- **Gabi Milito**
(Integrante del plantel campeón del torneo Sub-21 Esperanzas de Toulon 1998 y del Sudamericano Sub-20 de Mar del Plata 1999. También disputó el Mundial Sub-20 de Nigeria 99. Dirigido por José y Hugo en la Selección Mayor en la Copa Confederaciones de 2005 y el Mundial de Alemania 2006).

"Para mí fue un antes y un después haber pasado por las manos de Hugo y José en las Juveniles. Me citaron por primera vez a la Sub-15. En ese momento a mí me expulsaban muy seguido en Inferiores. Jugaba una fecha, me echaban, cumplía la suspensión, volvía a jugar y me expulsaban de nuevo. Cuando me convocaron, entrenábamos de lunes a miércoles. Un miércoles, luego de haber entrenado, José nos reunió en el vestuario para hablarnos de cómo nos debíamos comportar. Nos dijo que no había que protestarle al árbitro, que solamente nos teníamos que focalizar en el juego. Cuando José termina de hablar, Hugo me dice: 'Milito, ¿le quedó claro?'. No me olvido más esa frase; me quedó grabada a fuego, y creo que nunca más me expulsaron en Juveniles y en Inferiores. Hugo y José me han marcado mucho, y sus enseñanzas humanas y futbolísticas me han acompañado durante toda mi carrera, así como también me ha marcado el Profe Urtasún. Si no hubiera pasado por sus manos, dudo mucho de que hubiese podido hacer la carrera que hice. Tengo un sentimiento de gratitud infinito por ellos, y ellos lo saben. Nos enseñaron cómo debe ser un futbolista de Selección.

Cuando llegué a la Primera de Independiente, me sentía más preparado que inclusive los compañeros mayores, por todo lo que había aprendido en las Selecciones Juveniles. Si bien la cabeza del grupo era José, para mí, él y Hugo conformaban una dupla. Para mí, tenía el mismo valor la opinión de los dos por igual. A la hora de transmitir, tenían maneras distintas. Pékerman era más calmo, y Tocalli era de estimular mucho, más vehemente. Se complementaban muy bien por ser distintos en el carácter. Te exigían al máximo. Hoy, como entrenador, actúo muchas veces con la referencia de ellos dos. Siempre sentí un respaldo muy grande de José y Hugo hacia mí. Por Hugo tengo un aprecio especial. Cuando los resultados no se dan o el club que dirijo de turno viene torcido, siempre tengo el llamado de él para alentarme y darme fuerza, para aconsejarme. Me apoyo mucho en él, porque creo mucho en Hugo en lo humano y en lo profesional. Nos une una hermosa relación. Siempre tiene la palabra justa, el consejo indicado. Las reglas que ellos impusieron en Juveniles me acompañan hasta el día de hoy; sigo adelante en el fútbol manteniendo sus enseñanzas y poniéndolas en práctica: la humildad, el decir la verdad, el no generar polémicas, la educación. Nos enseñaron cómo llevar adelante la carrera de jugador con dignidad fuera y dentro del campo. Hay que saber llevar la derrota con dignidad; hay que aprender a no buscar excusas cuando se pierde. Todo eso yo lo aprendí siendo muy chico con ellos. Nos decían que la obligación no era ganar, sino que la obligación era aprender. Y, como producto de ese aprendizaje, íbamos a obtener resultados".

- **Diego Placente**
  (Integrante del plantel campeón del Mundial Sub-20 de Malasia 97 y del Sudamericano Sub-20 de Chile 97. Integrante del Seleccionado Mayor que disputó la Copa Confederaciones de Alemania 2005).

"Todo el grupo de trabajo, José, Hugo y los profes tenían una misma bajada de línea y se manejaban dentro de esos parámetros. Después cada uno tenía sus matices pero, bajo una misma idea, conceptos y valores. En el barrio o en las Inferiores del club, los chicos teníamos algunos caprichos y, cuando llegamos a las Selecciones Juveniles, nos marcaron que un jugador que represente a Argentina tiene que ser diferente. Nos los dejaron claro desde el primer día. El mensaje era simple: si queríamos estar, había que respetar y cumplir ciertas reglas. Todo lo que hacían ellos era para nuestra mejora. Día a día nos iban marcando cosas para nuestro crecimiento. Nos inculcaron el tema del comportamiento y del juego limpio hasta que se nos convirtiera en un hábito. Teníamos que respetar la pelota, al compañero y al rival. Por supuesto que buscábamos ganar pero, de cierta forma, no de cualquier manera. Nos educaban y nos enseñaban mientras buscábamos ganar. La prioridad que tenían era formar jugadores para la Mayor, dándoles todas las herramientas necesarias en la parte técnica y en la personalidad. Proyectaban a futuro; no buscaban ganar un torneo y nada más. Si uno no daba el máximo, venía otro y te sacaba el lugar. En cada entrenamiento se podía definir el puesto. Lo que hicieron fue grandioso. Recorrieron todo el país. Armaban partidos por el interior para descubrir valores y para que nosotros conociéramos otros lugares y jugáramos con otros chicos que tenían la misma ilusión que nosotros. Uno está agradecido para siempre por todo lo que me enseñaron y hoy, estando a cargo de la Selección Sub-15, le consulto cosas a Hugo o le pido consejos porque sé que siempre va a tener la palabra justa y me va a ayudar de corazón. Hoy uno trata de imitar todo lo que ellos hicieron. Darles a los chicos que uno dirige todas las herramientas que ellos nos dieron a nosotros. Los que ellos te decían después pasaba; entonces, te dabas cuenta de que tenían razón y de que por algo decían las cosas. Hugo era de hablar mucho más; José era más reservado. Le han dado mucho al fútbol argentino".

La opinión de Hugo sobre Diego:

"Fue un gran marcador de punta izquierdo. Anduvo bárbaro. Tenía muchas condiciones. Era obediente, muy buen profesional. Extraordinario en todo sentido".

- **Esteban *Cuchu* Cambiasso**
(Integrante del plantel campeón del Mundial Sub-20 de Malasia 1997, del Sudamericano Sub-20 de Chile 1997, y del Sudamericano Sub-20 de Argentina 1999. Integrante del plantel que obtuvo la mejor posición en un Mundial Sub-17: tercer puesto en Ecuador 1995. Integrante del plantel que disputó el Mundial de Mayores Alemania 2006. También disputó el Mundial Sub-20 de Nigeria 99 y la Copa Confederaciones de Mayores de Alemania 2005).

"Me resulta muy difícil separar la figura de Hugo del resto del cuerpo técnico. Todos tenían una misma idea. La premisa que impartían era la de educar personas más allá del jugador de fútbol, aunque, naturalmente, a la Selección llegábamos por lo que éramos como jugadores. Nos preparaban para el futuro, para el alto rendimiento, para la Selección Mayor. Nos profesionalizaron en todo aspecto. En las relaciones con el periodismo, con los hinchas, con un sponsor, con los compañeros, con los árbitros. El respeto a cualquier otra persona era una de las bases principales que inculcaban. Hugo fue muy importante. El aspecto o la cara de hombre duro que a veces puede transmitir no se condice con lo que es como persona: tiene muchos sentimientos. Él, a su manera, te hacía sentir que te quería. Con Hugo siempre nos tratamos de *usted* más allá de la confianza que teníamos. Era algo muy particular; nunca nos tuteamos. Sabía que podía contarle cualquier cosa, ya sea del fútbol o personal, porque te daba esa confianza. La coraza que puede mostrar por fuera no opaca lo que es por dentro. Es un grandísimo formador de personas y jugadores de fútbol. Todo lo que logró e hizo dentro de este deporte no fue casualidad, sino fruto del trabajo. Fue y es un trabajador incansable. Tuve la suerte de conocer a sus hijos, Martín y Alejandro, por los cuales siento un gran aprecio. Verlos a ellos es ver reflejado todo lo que Hugo intentó inculcarnos a nosotros; también lo consiguió con sus hijos".

- **Pablo Aimar**

(Integrante del plantel campeón del Mundial Sub-20 de Malasia 1997, del Sudamericano Sub-20 de Chile 1997, y del Sudamericano Sub-20 de Argentina 1999. Integrante del plantel que obtuvo la mejor posición en un Mundial Sub-17: tercer puesto en Ecuador 1995. Integrante del plantel que disputó el Mundial de Mayores Alemania 2006 y la Copa Confederaciones de 2005).

"Nosotros, los chicos, nos sentíamos respetados por el cuerpo técnico y nos sentíamos libres a la hora de jugar y de entrenar. Nosotros los respetábamos mucho a ellos. Argentina venía de una indisciplina en el Mundial Sub-20 del 91, que fue sancionada con la inhibición para jugar el Mundial del 93. Partiendo de ahí, la idea de José y Hugo desde que asumieron fue cambiar de entrada esa imagen y hacer mucho énfasis en la conducta, no solo dentro de la cancha, sino en los aeropuertos, en los hoteles. Fue un pilar muy importante y nos remarcaban mucho eso. En Juveniles, el objetivo es intentar que los chicos lleguen a jugar de manera profesional. Pero también el deporte sirve para que se diviertan, hagan amigos y se alejen de un montón de otras cosas que pueden ser malas. Hay que apuntar a la parte personal más allá de lo profesional. A los chicos hay que ayudarlos en su crecimiento general, en la vida, no solo dentro de un campo. Para alguien que trabaja con juveniles, no debe haber algo más gratificante que reencontrarse con un chico muchos años después y que te agradezca por lo que le enseñaste. José y Hugo elegían jugadores pensando en jugar muy bien al fútbol, sin importar si tenían minoría de edad o cuál era la contextura física. Elegían chicos que querían tener siempre la pelota; ellos se identificaban con ese estilo y elegían jugadores acordes. Uno, cuando es joven, hace las cosas mucho más inconscientemente, pero hoy la reflexión es que haber sido parte de ese proceso de juveniles con José y con Hugo me profesionalizó mucho. Si vos en un lugar te sentís mal o te tratan mal, querés irte. Acá pasaba todo lo contrario. Yo, en el Predio de AFA, me sentía muy contenido por José, Hugo y todo el grupo de trabajo. Era feliz. José y Hugo tenían el mismo pensamiento, el mismo sentimiento, las mismas ideas, pero diferentes personalidades. Hugo era más cercano. Con Hugo sigo teniendo mucho contacto. Tuvo mucho que ver en mi carrera como futbolista; fue fundamental".

- **Lionel Scaloni**
(Integrante del plantel campeón del Mundial Sub-20 de Malasia 1997 y del Mundial de mayores de Alemania 2006).

"La mayor virtud de Hugo, además de ser un gran entrenador y formador, era la humildad y el respeto con el que te hablaba. Te decía las cosas de una manera que sabía que no podía fallar. Yo tenía una relación muy especial con Hugo; hablábamos continuamente. Quedé marcado por él. Hugo y José nos dejaban bien en claro dónde nos metíamos cuando entrábamos al predio, que no había una persona por encima de la otra desde el lado humano. Teníamos que ser respetuosos con todos al máximo y, si te ibas de esa línea y te desviabas, no venías más. Pero para nosotros no fue un esfuerzo porque nos sentíamos cómodos siguiendo esa bajada de línea. Ellos fueron precursores de una idea que en ese momento no era normal: la de ser buenos fuera de la cancha para después ser buenos dentro. Sabíamos que teníamos que ayudar en lo que fuera al utilero, juntar la ropa, levantar la mesa, pedir permiso para levantarse, saludar al rival después de un partido. Ellos estaban convencidos y nos convencieron a nosotros de que eso nos iba a servir para nuestro futuro, y así fue. Siendo mejor persona, podés ser mejor jugador. Obviamente, también buscábamos el resultado deportivo porque eso ayuda al crecimiento. De hecho, los resultados deportivos en ese proceso fueron excelentes. Me tocó irme muy joven a jugar a Europa con 19 años, y todo lo que Hugo y José me habían enseñado me sirvió mucho. Hoy, en el rol de padre, también implemento valores que ellos me inculcaron. Cuando yo llegué a sus manos, ya había debutado en Primera, con 16 años en Newell's, y tenía una cierta cantidad de partidos como profesional. Pensaba que ya estaba todo encaminado, que ya era profesional y tenía todo por delante. Cuando llegué a las manos de Hugo y de José en las Juveniles, ya estando en Estudiantes, me di cuenta de que tenía muchas cosas por corregir, aprender y mejorar. Di un salto de calidad teniéndolos a ellos. En la Selección Juvenil, en el predio, uno se sentía cómodo y a gusto. Cuando José y Hugo se hicieron cargo de la Selección Mayor en 2004, me empezaron a convocar y me llevaron al Mundial de Alemania 2006, algo que fue sorpresa para la opinión pública porque anteriormente, estando Bielsa, no era convocado. Yo, antes de eso, mantenía el contacto con ellos y me hacían saber que era de su agrado y de su gusto, no solo en lo futbolístico, sino en lo grupal. Estoy eternamente agradecido a los dos porque me brindaron mucha confianza, me hicieron sentir importante y me permitieron jugar. Haber jugado un Mundial de Mayores con Argentina es algo que me llevaré para siempre. Dentro de un grupo, la parte humana es fundamental, y es lo que trato de inculcar en el rol que hoy me toca desempeñar. Hoy compartir esta etapa en la Selección con Samuel, Aimar, Placente es muy grato, porque somos todas personas que nos formamos en gran parte bajo el ala de Hugo y José durante ese proceso y hoy seguimos esa línea. La línea del máximo respeto al compañero, de que una derrota nos tiene que fortalecer y no dividir, del priorizar el qué, el cómo, el por qué, más allá de los resultados deportivos que, por supuesto, son importantes también. El mensaje está claro, y es el que nos inculcaron Hugo, José, y todo ese grupo de trabajo. Es la única manera de volver a reconducir al fútbol argentino y a la Selección. Más importante que el talento, la táctica, la estrategia, son el sentido de pertenencia, el compromiso y la actitud. Valoro muchísimo eso porque, sin esos atributos, no te va a ir bien. Estamos por ese camino porque creemos que es el único".

Así recuerda Hugo a Scaloni:

"A Scaloni lo trajimos a las Juveniles como extremo. Tenía mucha potencia, sacaba muy bien los centros. Trabajaba bien las diagonales, se cruzaba muy bien. Era muy inteligente. Colaboraba en el medio para recuperar pelotas y también podía jugar de lateral".

- **Walter Coyette**
(Integrante del plantel campeón del Mundial Sub-20 de Qatar 95).

"José y Hugo nos hacían mucho hincapié en el orden y la honestidad. Nos remarcaban mucho lo que significaba ser jugador de la Selección y vestir la camiseta argentina. Había valores fundamentales como persona que todos teníamos que tener si queríamos ser parte del grupo. Ser respetuosos y amables con los empleados que trabajaban en el predio, comportarnos bien cada vez que salíamos de viaje, en cada hotel, aeropuerto. Eso me ha marcado mucho y, ahora que soy entrenador, trato de inculcárselo a mis jugadores. Esos valores son la base para construir un buen grupo, para que todos sepan para qué lado vamos. José y Hugo no permitían la mala conducta. Eran dos personas de mucha capacidad para ver y detectar jugadores. Nos decían que estudiemos. Pregonaban el ser buenos competidores dentro de la cancha, ser buenos compañeros, darle importancia al *fair play*, respetar al rival, al espectador y a los árbitros. Desde lo futbolístico, siempre priorizaban el buen juego, y no se negociaba el esfuerzo. La idiosincrasia argentina es un poco la de ver qué ventaja le podemos sacar al rival desde el lado de la trampa, y José y Hugo nos inculcaron todo lo contrario. Hoy, como entrenador, tomo mucho de todo lo que ellos me enseñaron pero, sobre todo, me enseñaron valores fundamentales para la vida, y eso es lo más importante".

Así lo recuerda Hugo a Walter:

"Un volante zurdo realmente muy interesante, con ida y vuelta, con sacrificio. Serio y responsable. Era muy obediente a lo que le pedíamos José y yo. Fue un jugador importante para nosotros. La dupla de Walter y Ariel Ibagaza, que eran de la misma división en Lanús, en donde los vimos, era bárbara".

- ### Guillermo Pereyra
  (Integrante del plantel que disputó el Mundial Sub-17 de Egipto 1997 y el Torneo Esperanzas de Toulon Sub-21 de 1999; fue elegido el mejor jugador del certamen).

"Conmigo se dio una situación atípica. Yo estaba jugando en mi ciudad, Río Cuarto, en el club Renato Cesarini de allí. El grupo de trabajo de las Juveniles encabezado por José y por Hugo recorrían el país buscando nuevos talentos, y así fue cómo me encontraron. Me seleccionaron a mí y a otro chico más de entre casi 200 pibes y me citaron para entrenar en el predio de AFA con la Sub-17. Hugo tiene un gran don de ver cosas en un chico joven. Yo no tenía la mejor preparación ni los mejores conceptos futbolísticos y tácticos, pero algo vio en mí. Voy a ser siempre un agradecido a Hugo porque, a partir de ahí, mi vida cambió rotundamente y empecé a cumplir mis sueños. José y Hugo te exigían mucho, y cada entrenamiento era un aprendizaje. Pero siempre priorizaron a la persona: formaban jugadores y personas. Todo lo que aprendí con ellos en ese proceso fue increíble y me acompañó toda mi vida deportiva y lo sigo pregonando hoy en día en mi vida cotidiana. Todos esos valores que ellos me inculcaron los usos para la vida, en el rol de padre y para mi nueva carrera como entrenador. Fui afortunado y privilegiado de haber vivido tantas experiencias con ellos dos y su grupo de trabajo. Nos dejaron un gran legado. Hugo tiene mucho carisma y alma de formador. Sigo manteniendo una muy buena relación con él y sus hijos".

Así lo recuerda Hugo a Guille:

"Guillermo tenía un juego aéreo muy bueno. Era un volante central con una recuperación de pelota muy interesante. Tenía mucha prestancia y presencia en la mitad de la cancha;

fue un futbolista al que los rivales respetaban por sus condiciones. Impecable desde el lado humano".

- **Luis Zubeldía**
(Integrante del plantel que disputó el Sudamericano Sub-17 de Paraguay 1997, el Mundial Sub-17 de Egipto 97, el Mundial Sub-20 de Nigeria 99, el Sudamericano Sub-20 de Ecuador 2001).

"Hugo y José, junto a su grupo de trabajo fantástico, los profes Urtasún y Salorio marcaron un antes y un después en el fútbol argentino, una era. Es difícil analizar a uno solo de manera individual porque es como querer analizar por separado a los integrantes de los Beatles. Cada uno tenía lo suyo, pero eran supercomplementarios entre todos. Haberme cruzado con ellos fue una bendición de Dios y del fútbol. Cuando tenía 15 años, se armó un campeonato con Selecciones de diferentes provincias en La Pampa para que José y Hugo vieran y seleccionaran jugadores. Me llegó la citación y fui sin estar jugando en ningún equipo de AFA. Fueron casi cinco años de vínculo con ellos en las Juveniles. Hugo tenía una personalidad muy fuerte, pero al mismo tiempo era dulce. Tenía una mirada penetrante a la hora de transmitirte los conceptos y los valores. Hugo era más gritón y José, un poco más calmo. Era una fusión hermosa. Tenían la paciencia de los sabios y de los docentes. No estaban apurados para conseguir resultados inmediatos. Ellos buscaban prepararte en todos los aspectos para poder aportar algo al fútbol argentino y a la Selección Mayor a mediano y largo plazo. Eran incansables. Veían cosas que otros no veían. Hugo era tremendamente exigente, muy vehemente, expresivo a la hora de hacer los trabajos de campo. Sabía cuándo apretar y cuándo no. Tenía el *timing* justo. Recuerdo que, cuando me presenté la primera vez, tenía las medias bajas y la remera fuera del pantalón. Hugo me encerró en uno de los vestuarios y me dijo: 'Zubeldía, así ya estamos arrancando mal con ese *look*. Queremos tener un grupo de chicos bien presentados porque estamos representando a un país'. De entrada, ya me mostró por dónde iba la cosa. Cuando fui al Mundial Sub-17 de 1997, me tocó entrar ya en el primer partido por la lesión de Guille Pereyra y, en ese partido y en el siguiente, no anduve bien; jugué muy atado. Previamente al último partido del grupo, Hugo me sentó en una silla y me preguntó dónde estaba el Luis Zubeldía que ellos habían visto en La Pampa, con personalidad, decisión, libertad para jugar. Al siguiente partido, jugué mucho mejor. Hugo da en la tecla en el momento justo, dice lo que hay que decir. Hoy, como entrenador, veo lo difícil que es ser simple cuando uno está en este rol, y Hugo lo era. José, Hugo y el resto del grupo de trabajo me marcaron muchísimo para toda la vida".

Así lo recuerda Hugo a Luis:

"Me siento identificado con Luis en sus formas. Un día nos encontramos con José a las cinco de la mañana en Hurlingham, donde nos estaba esperando un auto para llevarnos a La Pampa. Llegamos a las 11.00 y dimos una charla hasta las 13.00. Luego estuvimos haciendo pruebas de jugadores hasta las ocho y media de la noche. Ahí lo vimos a Luis. Lo citamos para el lunes siguiente al predio de AFA. Desde ese momento estuvo con nosotros en Sub-17 y en Sub-20. Los fuertes dolores en su rodilla hicieron que dejara el fútbol muy joven. Hubiese sido un jugador de una gran carrera con un importante recorrido. Tenía unas condiciones bárbaras. Es una persona fuera de serie a la cual aprecio y valoro".

Protagonistas de esa época dorada

A lo largo del proceso de José y Hugo en los Seleccionados Menores, pasaron excelentes jóvenes que luego pudieron desarrollar una formidable carrera profesional en la élite mundial. Aquí algunos de ellos recuerdan lo vivido y aprendido en las Juveniles.

- **Maxi Rodríguez**
(Integrante del plantel campeón del Mundial Sub-20 de Argentina 2001. Integrante del plantel que disputó el Mundial de mayores de Alemania 2006 y la Copa Confederaciones de 2005).

"Tanto José como Hugo te exigían mucho dentro del campo de juego pero, por sobre todo, hacían énfasis en la disciplina, el respeto y la conducta fuera y dentro de la cancha. Asumían un rol paternal para guiarnos por el camino correcto. Al ser de Rosario, me quedaba toda la semana en el predio de lunes a jueves, así que prácticamente convivía con ellos. Me marcaron mucho no solo en lo futbolístico, sino en la vida en general. Me enseñaron a entender mejor el fútbol, a moverme mejor en la cancha, a desempeñarme en otras posiciones. Fue un curso acelerado de gran aprendizaje. Fue una etapa en donde aprendí y crecí mucho. Todos queríamos ganar, pero José y Hugo no negociaban el *fair play*: lo ponían delante de todo. El día a día, cada entrenamiento, era todo magnífico. Nos enseñaron valores que hoy se necesitan recuperar. Nos marcaron una línea clara por la cual transitar en el fútbol y en la vida".

- **Javier Saviola**

(Integrante del plantel campeón del Mundial Sub-20 de Argentina 2001; fue el máximo goleador del certamen y fue elegido el mejor jugador del torneo. Integrante del plantel que disputó el Mundial de Mayores de Alemania 2006 y la Copa Confederaciones de 2005).

"La etapa con Hugo y con José en Juveniles a mí me dejó muchos valores, me dejó un aporte grande en mi educación. Fueron dos maestros increíbles. Nos han enseñado valores para manejarnos en la vida no solo dentro de una cancha. Nos marcaron un camino. Nos contaron lo que nos esperaba en un futuro como jugadores y cómo nos teníamos que comportar. Nos inculcaron humildad y respeto hacia los demás. Hugo y José fueron como dos padres para mí. En aquel entonces yo estaba pasando un momento personal complicado, y ellos se encargaron de estar a mi lado, acompañarme, darme confianza, aconsejarme. Me arroparon como dos padres. Los valores que ellos me enseñaron hoy los comparto con mis hijos. Estoy tremendamente agradecido a Hugo y a José".

- **Nicolás Burdisso**

(Integrante del plantel campeón del Mundial Sub-20 de Argentina 2001 y subcampeón del Sudamericano Sub-20 de Ecuador 2001. Integrante del plantel que disputó el Mundial de Mayores de Alemania 2006).

"Tanto Hugo como José marcaron a una generación de jugadores, sobre todo como personas. Me enseñaron a ponerme la camiseta de la Selección argentina, que es muy pesada. Representar a un país es totalmente diferente a cualquier otra cosa. José y Hugo eran el equilibrio justo en la dirección técnica y conducción de grupos, porque eran bien diferentes y a la vez tenían un mismo pensamiento. Yo vine de un pueblo y encontrarme tan chico en las Juveniles a una persona como Hugo me ayudó muchísimo; me simplificó un montón de situaciones dentro y fuera de la cancha porque él, aparte, también vino de un pueblo en su momento. José era más pensador o equilibrado a la hora de hacer una apreciación, y Hugo era mucho más práctico, más funcional a las situaciones. Me ayudaron a entender cómo se piensa en la Selección, cómo se trabaja en la Selección. A Hugo lo admiro, y solo tengo palabras de agradecimiento para él y para José. Ellos dos han aportado muchísimo al fútbol argentino. Tuve el placer de trabajar con sus hijos, Ale y Martín, en la Selección Mayor, y es muy lindo ver cómo ellos tienen el mismo pensamiento que su padre en la forma de ser, en los valores y en el trabajo".

- **Sergio Agüero**
(Integrante del plantel campeón del Mundial Sub-20 de Holanda 2005 y Canadá 2007, galardonado en este último con el Balón de Oro y Bota de Oro por ser el mejor jugador del torneo y el máximo goleador).

"Hugo fue muy importante para mí. Lo tuve en una época que es clave para un futbolista: la de la formación, cuando da sus primeros pasos en el fútbol profesional.

Me tocó estar con él cuando yo ya jugaba en el Atlético de Madrid, porque me fui muy joven: con solo 18 años, a España. Llegué en el 2006 al Atleti y tuve la suerte de que me convocara para integrar la Selección Sub-20 que iría a disputar el Mundial en Canadá. Yo tenía 19 años y aún recuerdo muy bien su llamado telefónico a mi casa de Madrid. Ya había sido mi primer año en Europa con todo lo que implica un proceso de adaptación. Recuerdo que le dije que podía contar conmigo para el Mundial. Muchos me decían que, para mi progresión en el Atleti, tal vez no convenía que fuera. Pero yo estaba convencido de que sí. Tenía mucha fe y estaba seguro de que saldríamos campeones. También influyeron mucho las palabras de Hugo porque me dio más confianza aún. Y no estamos hablando de fútbol: todavía no habíamos empezado a entrenar juntos, sino de la parte humana. La motivación, la confianza que todo jugador necesita Hugo la dejó en claro en esa llamada. Y después fue confirmar todo eso que había sentido. Comprobar sus dotes de formador. Tener a alguien como Hugo en momentos en que un jugador está creciendo profesionalmente es clave para su progresión. Y, en ese sentido, esos valores que Hugo nos transmitió fueron claves para lo que se consiguió después como grupo. En lo personal, me sirvió de mucho cuando volví a España. Esa confianza que me dio, el desempeño que tuvimos y el logro que conseguimos fueron cosas muy importantes para que yo pudiera crecer como futbolista en el fútbol internacional. En las Juveniles arranqué con Miguel Tojo cuando tenía 15 años, y él también pregonaba los mismos valores que los de Hugo. La filosofía de todo ese grupo de trabajo era clara. El sentido de pertenencia fue una de las cosas más importantes que pudimos internalizar los que íbamos al predio de Ezeiza, siendo tan chicos. Nos enseñaron que fuera nuestra segunda casa y, con ello, también aprender lo que significa vestir la camiseta de la Selección. Nos inculcaban el compromiso y la actitud. Todos los que integrábamos esas Selecciones nos moríamos por estar en las convocatorias. Nos motivaban para eso y, por eso, cada convocatoria era una gran alegría. Sentir hoy, pasados varios años, el aprecio de Hugo es un gran orgullo. Hugo es de aquellos que marcan a los jugadores para siempre. Yo siempre valoré a los formadores desde que era chiquito. De cada uno aprendí mucho, ni hablar de Hugo. Aprendí a escucharlo, como cuando no arrancamos de la mejor forma en ese mundial de Canadá. Sus palabras de crítica y también de sabiduría hicieron que podamos recuperarnos, y eso fue clave para poder despegar después. Nos dio confianza y nos hizo creer en nosotros, y eso tiene mucho valor".

- **Pablo Zabaleta**
  (Integrante del plantel que disputó el Mundial Sub-17 de Trinidad y Tobago 2001, el Mundial Sub-20 de Emiratos Árabes 2003 y el Sudamericano Sub-20 de Colombia 2005. Integrante del plantel que ganó el Mundial Sub-20 de Holanda 2005 y el Sudamericano Sub-20 de Uruguay 2003).

"Hugo fue una de las personas más importantes que tuve en mi etapa formativa. Con 14 años pisé por primera vez el predio de AFA para integrar una Sub-15. Allí entrenábamos lunes, martes y miércoles. Hugo me influyó mucho para que pueda formarme como jugador y luego tener la carrera que pude hacer. Más allá de la parte técnico-táctica, ellos hacían mucho hincapié en la educación, en formarnos como personas. Cuando llegábamos los lunes al predio, ellos tenían los informes de cómo nos había ido en el partido del sábado de Inferiores con nuestro club. Sabían los detalles de si nos habían amonestado o expulsado y por qué motivo. Estaban en todo, no se les escapaba nada. Nos remarcaban mucho el tema de la disciplina, la buena conducta, el cuidado personal, el tener buena apariencia. Te inculcaban valores y nos educaban de una manera paternal. Los que éramos del interior, como yo, nos quedábamos los tres días que entrenábamos en el predio a dormir allí. Muchas veces Hugo o Miguel Ángel Tojo se quedaban también a pasar la noche y armaban reuniones con nosotros para hablarnos. No solo tenían mucha influencia en el trabajo en la cancha, sino que también se preocupaban mucho por uno en la parte humana. Ese proceso de Selecciones Juveniles dio muchos frutos, y fue una época dorada. Integrar ese proceso me permitió madurar mucho más rápido y me dio mucha proyección en todo aspecto. Tanto Hugo como todo el grupo de trabajo te brindaban las herramientas necesarias para poder hacer una carrera una vez que llegases a Primera. Por supuesto que parte de los logros y del trabajo de ellos era ganar títulos, pero el mayor logro y aquello a lo que siempre aspiraban era formar buenos jugadores y que pudieran desarrollar una carrera profesional. Te hacían sentir el arraigo con la camiseta argentina y el sentido de pertenencia porque nos marcaban que estar en el predio no era para todos, que éramos unos privilegiados y teníamos que valorarlo y llevarlo con responsabilidad.

Nos decían que, cuando volviésemos a entrenar con nuestros respectivos equipos, teníamos que dar el ejemplo. Más allá de tus características como jugador y de lo que hayas podido aportar en los lugares en donde estuviste, es importante la imagen que uno deja como persona. Cuando estás llegando al final de tu carrera y mirás para atrás y ves que pudiste hacer una muy buena carrera haciendo y logrando cosas importantes, te acordás de toda esa gente que, cuando uno estaba en formación, te aconsejó, te dijo qué cosas que iban a pasar y que luego pasaron. Hoy uno valora más a esas personas que fueron tan importantes para el crecimiento de uno. Es importante saber escuchar. Después del fútbol hay vida, y hay que estar preparado para afrontar lo que uno quiera hacer luego del retiro. Lo importante es saber que uno dejó todo y se entregó al máximo. Hoy que uno es padre, trata de transmitirles los mismos valores que Hugo, y el resto del grupo nos inculcaron a nosotros".

Así recuerda Hugo a Pablo:

"Cuando lo citamos por primera vez, él era de los más chicos y parecía el más grande del plantel. Siempre fue igual. Tenía una responsabilidad y una seriedad para el trabajo enormes. Era muy aplicado y detallista. Siempre estaba atento a lo que nosotros le decíamos; le gustaba escuchar y aprender. Tenía un gran ida y vuelta en la cancha, con mucha potencia y despliegue. Siempre nos ha respondido a la altura".

- **Fabián Cubero**
  (Integrante del plantel campeón del Mundial Sub-20 de Malasia 1997 y del plantel que obtuvo la mejor posición en un Mundial Sub-17: tercer puesto en Ecuador 1995).

"Tanto Hugo como José eran muy claros en el mensaje que nos bajaban a todos los chicos que integrábamos las Selecciones Juveniles: el de la formación. Nos remarcaban que fuéramos prolijos, que usáramos las medias altas, la remera dentro del pantalón, que saludásemos a los rivales más allá del resultado. Nos inculcaron muchos valores y nos fueron criando en lo deportivo. Hacían mucho énfasis en el comportamiento fuera y dentro de la cancha, jugar limpio, ser respetuosos entre nosotros y con los demás. Si había diferencias entre algunos chicos, ellos buscaban que se hablasen y se volvieran cosas positivas para el grupo. Cada día buscaban que fuéramos más profesionales. Nos prepararon de tal manera para que, cuando nos tocase subir a un plantel profesional en nuestros clubes, hubiéramos adquirido una experiencia importante para estar a la altura. Hugo es un gran formador de jugadores y de personas. Además de la etapa en Juveniles, tengo con Hugo una anécdota que guardo para siempre. En 2007 yo me fui a jugar a México y a mitad del 2008, teniendo aún seis meses de contrato, Hugo, que era el flamante técnico de Vélez, me llamó para preguntarme si quería volver al club. Fue uno de los llamados más lindos e importantes que tuve en toda mi carrera. Él me dio la posibilidad de volver a Vélez en un momento en que no me lo esperaba. Ni dudé en volver de su mano y desde entonces nunca más me fui de Vélez".

Hugo describe así a Poroto:

"Era un ganador nato. Un muy buen compañero, alegre y divertido. A la hora del trabajo tenía mucha seriedad y se brindaba al máximo. Era rápido y buen recuperador. Lo hemos usado de líbero y nos respondió".

- **Lucas Biglia**
(Integrante del plantel campeón del Sudamericano Sub-17 de Bolivia 2003 y del Mundial Sub-20 de Holanda 2005. Disputó el Mundial Sub-17 de Finlandia 2003 y el Sudamericano Sub-20 de Colombia 2005).

"Lo que más caracterizó ese proyecto fue la disciplina. Desde que entrábamos al predio hasta que nos íbamos, había reglas muy marcadas que te las hacían notar y las dejaban muy en claro. Dentro de la cancha, el juego limpio era indispensable. Eran formadores de personas. Les tengo que agradecer por haberme formado como ser humano, más allá de lo muchísimo que me enseñaron a nivel futbolístico. Me han inculcado valores que llevé adelante a lo largo de toda mi carrera profesional y por fuera, valores que utilizo hoy en el rol de padre. Este deporte te da la posibilidad de creer que uno se puede llevar el mundo por delante porque de, muy joven, ya sos famoso. Empezás a ganar mucho dinero y emigrás a países de gran nivel. Por eso es fundamental tener gente que te rodee que sepa ponerte los pies sobre la tierra y te ponga sobre los rieles correctos. Hugo me ha aconsejado mucho. Hugo no entrenaba jugadores para ir a competir a un Sudamericano o a un Mundial solamente. Entrenaba jugadores para que llegaran a la Primera División y a la Selección Mayor. Ese era el mensaje. Hugo y el resto del grupo nos hicieron entender que representar a la Selección era algo impagable, que no tenía precio y era único. En el 2003 tuve una posibilidad concreta de irme al Schalke 04 antes del Mundial Sub-17; Hugo me llevó a su habitación y me dijo que no me apurara, que terminara de formarme en Argentina, que no me dejara tentar por lo económico porque, el día de mañana, esa decisión me podía perjudicar. Para mí fue difícil porque estaba todo arreglado y, para mis viejos, era una posibilidad importante por nuestra situación económica, además de que yo tenía cuatro hermanos. Pero le hice caso a Hugo y le dije a mi viejo y a mi representante que Tocalli me aconsejó que me quedara a terminar de formarme en el país y jugar en Primera División acá y que después iban a llegar ofertas del exterior. Así que les dije que me quedaba. Para ellos fue un baldazo de agua fría. Después de eso, cambié de representante porque no aceptó mi decisión. Hugo fue muy significativo para mí".

Así lo recuerda Hugo a Biglia:

"Hacía mucho sacrificio. Era sumamente profesional. Hacía un gran desgaste físico en la cancha, con mucho despliegue. Tenía muy buena técnica. Estaba todo el día pensando y viendo fútbol. Le preguntabas de cualquier equipo y sabía".

- **Fabricio Coloccini**
(Integrante del plantel campeón del Mundial Sub-20 de Argentina 2001. Disputó el Sudamericano Sub-20 de Ecuador 2001, la Copa Confederaciones 2005 y el Mundial de Alemania 2006).

"Para mí la base del éxito es la educación, la conducta, la imagen que uno da; y todas esas cosas fueron las que pregonaron y nos inculcaron Hugo y José en Juveniles. A raíz de eso se construían buenos grupos, equipos nobles dentro y fuera del campo. Se lo defendía al compañero como si fuese un hermano, con lealtad, y ese compañerismo se reflejaba dentro de la cancha. Ellos me formaron y me prepararon para competir en primera división, para estar a la altura del nivel profesional. Con el paso del tiempo, uno valora mucho más todo lo que nos enseñaron Hugo y José y su grupo. Cuando vas creciendo, madurando, cuando sos padre, te das cuenta de todo lo bien que ellos te hicieron para la vida más allá del deporte. En esos años de Juveniles, uno, quizá, al ser chico, no lograba valorarlo realmente, más allá de respetarlos y hacer lo que decían. La carrera de futbolista se acaba, y lo importante es que la gente te quiera y te respete como persona. El dinero, las copas; si no tenés con quién disfrutarlo, pasa a ser algo solo material. A Hugo y a José los tuve desde los 14 años. Ellos me criaron, ellos me formaron. Fueron mis padres futbolísticos. Pude también tenerlos en la Selección Mayor, jugar el Mundial de Alemania 2006, en donde casi todos los jugadores éramos producto del trabajo de ellos en Juveniles. Hugo me vio nacer en el fútbol, y hoy estoy terminando mi carrera en San Lorenzo con él al lado. Eso es algo muy gratificante. Vivimos juntos muchas cosas".

La opinión de Hugo sobre Coloccini:

"En un momento necesitábamos sumar un central para la Sub-17 y un día fui a ver la octava división de Boca y vi a un volante central con mucha presencia y estampa. Lo analicé pensando en si podía hacerlo zaguero. Me fijé si podía responder en esa posición y llegué a la conclusión de que sí, porque era muy ordenado; no se salía de la posición ni se desparramaba por la cancha. Así fue cómo lo citamos como zaguero y lo empezamos a trabajar en ese puesto, y nunca más lo dejó a lo largo de su carrera. Era muy tiempista, con gran técnica, buen juego aéreo. Siempre fue muy profesional".

- **Fernando Cavenaghi**
(Integrante del plantel campeón del Sudamericano Sub-20 de Uruguay 2003; máximo goleador del certamen y premiado con el Balón de Oro. También disputó el Mundial Sub-20 de Emiratos Árabes 2003. Fue uno de los cuatro máximos goleadores del torneo).

"Tanto Hugo como José han trabajado excelentemente bien en Juveniles. Me tocó ser parte del equipo que ganó el Sudamericano de Uruguay, un equipo que jugaba muy bien con compañeros que luego hicieron una enorme carrera. Hugo era un gran entrenador, que les daba mucha confianza a los jóvenes. Marcaba el camino correcto que había que seguir, te guiaba. Un gran formador. Son de esas personas a las que uno agradece habérselas cruzado en la vida. Fue un honor que Hugo me haya dirigido".

La opinión de Hugo sobre Fernando:

"Tuve la suerte de dirigirlos juntos a Fernando y a Tévez, dos nueves bárbaros que, en el Sudamericano de Uruguay, hicieron un torneo extraordinario. Metió varios goles de tiro libre. Lo respetaba y lo quería mucho a Fernando. En el

Sudamericano y el Mundial de 2003, nos dio mucho resultado con goles y grandes rendimientos".

- **Pipi Romagnoli**
(Integrante del plantel campeón del Mundial Sub-20 de Argentina 2001).

"En ese Mundial del 2001 me dejaron muchísimo todo el cuerpo técnico. José, Hugo, el Profe Salorio. Me enseñaron el aprendizaje de los valores, de querer mucho a la Selección argentina, de defender los colores. El aporte de ellos me sirvió mucho, me han enseñado varias cosas. Tengo el mejor de los recuerdos de esa época. Hoy somos compañeros de trabajo con Hugo en San Lorenzo. Tanto Hugo como José son dos grandes personas, que siempre fueron de frente".

La opinión de Hugo sobre Pipi:

"Era un jugador muy simple, que tenía todo muy claro. Un talentoso con buen panorama y decisiones acertadas. En el Mundial del 2001, Saviola hizo tantos goles en parte gracias a él".

- **Bernardo Romeo**
(Integrante del plantel campeón del Mundial Sub-20 de Malasia 97, del Sudamericano Sub-20 de Chile 1997 y del Torneo Sub-21 Esperanzas de Toulon de 1998).

"Hugo es un gran tipo, un gran profesional, muy capaz, de muchos códigos, frontal, con temperamento. Todo el cuerpo técnico era de excelencia: Pékerman, el Profe Urtasún y el Profe Salorio. Más allá de lo deportivo, nos formaron como personas. En la disciplina, fueron los mejores. Con Hugo tenía mucha relación, mucho diálogo y confianza. José era más reservado. Me tocó también trabajar juntos en San Lorenzo, cuando yo estaba de mánager, y él se sumó con las Juveniles. Soy un agradecido a Hugo; me ha enseñado mucho. Hizo historia en el fútbol argentino. Con Hugo se puede charlar, intercambiar ideas; no es autoritario".

La opinión de Hugo sobre Bernardo:

"Siempre estaba bien ubicado como nueve. Por ahí no era muy vistoso, pero era eficaz y hacía muy bien su trabajo. Fue de gran contribución. Lo aprecio mucho como persona".

- **Alejandro *Chori* Domínguez**
(Integrante del plantel campeón del Mundial Sub-20 de Argentina 2001. También disputó el Sudamericano Sub-20 de Ecuador 2001).

"Recuerdo que estaba en casa viendo con mis padres la Selección Juvenil que jugaba un amistoso en el estadio de Quilmes. De repente sonó el teléfono de casa, atendió mi mamá y preguntaron por mí. Una voz me dijo: 'Chori, ¿qué tal? soy Hugo Tocalli'. Él me comunicó la noticia que había soñado muchas noches. 'Tenés que estar en el predio de AFA para empezar a entrenar con nosotros', me dijo. Me sentí muy agradecido y afortunado. De su mano tuve una reeducación futbolística y humana. El trabajo y los valores que impartieron el equipo que estaba junto con

Hugo en Juveniles fueron para mí una pieza clave para conseguir el éxito que obtuvimos en nuestra época".

Así opina Tocalli sobre el Chori:

"Un jugador bárbaro. Un delantero por fuera muy rápido y hábil. Hacía diagonales, convertía goles, desbordaba, tiraba centros, llegaba a posición de nueve".

- **Mauro Cetto**
(Integrante del plantel campeón del Mundial Sub-20 de Argentina 2001. Disputó el Sudamericano Sub-20 de Ecuador 2001).

"Me tocó estar con José y con Hugo a una edad donde uno se está terminando de formar en todo aspecto. Cuando me llevaron al Sub-20, yo ni siquiera había debutado en la reserva de Rosario Central. Sentí que ellos se la jugaron conmigo al llevarme, porque en esa Sub-20 ya había chicos que jugaban en primera, y yo ni había jugado en reserva aún. Eso daba la pauta de que conocían a todos los juveniles. Lo valoré mucho, y fue un empujón importantísimo en mi carrera. José y Hugo me enseñaron lo que era el respeto, me enseñaron a valorar lo que uno tiene. Yo, por ese entonces, era de protestarles mucho a los árbitros, y ellos me insistían con el tema del *fair play*, el respeto al rival, al juez. Me sirvió para canalizar un montón de cosas, para calmarme y focalizarme mucho más en el juego. El Mundial Sub-20 del 2001 fue uno de los momentos más lindos de mi carrera. Hubo una convivencia muy linda, todo gracias al grupo que conformaron José y Hugo. Tengo un aprecio grande por Hugo".

La opinión de Hugo sobre Mauro:

"Tengo un muy lindo recuerdo de él. Cuando lo vimos, ni jugaba en la reserva de Rosario Central; lo vimos en su división. Lo citamos y quedó como un jugador fijo para el Mundial 2001. Nos daba seguridad, tenía una entrega total".

- **Javier Pinola**
(Integrante del plantel campeón del Sudamericano Sub-20 de Uruguay 2003).

"Yo, previamente al Sudamericano del 2003, estaba jugando en el Atlético de Madrid B, que no era una gran vidriera. Sin embargo, Hugo me convocó y terminé jugando todo el torneo. Confió en mis capacidades, mi personalidad y me dio mucha confianza. Vio que tenía muchas ganas de trabajar, de entrenar. Le voy a estar agradecido toda la vida por el gesto de convocarme y la confianza que depositó en mí".

Los grandes baluartes

A lo largo de los 14 años que duró el proyecto, fueron muchas las joyas que pasaron por las Juveniles y luego triunfaron en la Selección Mayor y en el fútbol mundial. Hugo analiza a algunos de los nombres más emblemáticos.

- **Pablo Aimar**

"Fue un jugador muy sorprendente, extraordinario. Era como que corría e iba en el aire. Siempre esperabas la inventiva cada vez que la agarraba. Era la clase de jugador que buscan en todas partes del mundo. Era una gacela en la cancha. Se desplazaba con una elegancia muy grande. Gambeteaba, tiraba centros, asistía, convertía; era una cosa tremenda. Muy completo. Era un enganche que se podía ubicar de segundo delantero".

- **Juan Román Riquelme**

"Un gran estratega. Manejaba al equipo; hacía jugar al ritmo que él quería. Recuerdo la final contra Uruguay en el Mundial de Malasia 97 que, a los diez minutos, ya íbamos perdiendo. Se paró José enojado y le empezó a gritar a Riquelme que se parara en el medio de la cancha, pidiera la pelota y manejara al equipo. A partir de ahí, fue una cosa descomunal lo que hizo en el partido. Uruguay no agarró más la pelota, y dimos vuelta el resultado. Tenía picardía; leía muy bien el juego. Extraordinario jugador".

- **Cuchu Cambiasso**

"Era cinco y volante por izquierda. Recuperaba y jugaba. Era un pensante, un técnico dentro de la cancha. Tenías que darle libertad para que jugara con la pelota. Cuando tenía que recuperar, era duro: recuperaba muy bien. Tenerlo a él te permitía jugar de diferentes maneras. Fue muy importante. Aparecía en posición de gol con mucha facilidad. Todo técnico quiere que el volante central no se desprenda tanto a zona de ataque, pero a él tenías que dejarlo, porque tenía inventiva, llegaba con mucha sorpresa. Jugador inteligentísimo".

- **Gabi Milito**

"Desde la primera vez que lo convocamos al Sub-17, me sorprendió la personalidad que tenía. Para mí, era el nuevo 'gran capitán' por su forma de ser, su manejo de grupo, su presencia dentro de la cancha, sus condiciones. Ya te dabas cuenta de que iba a ser entrenador, por cómo veía el fútbol, por cómo prestaba atención en las charlas, por cómo opinaba y analizaba. Tengo el mejor recuerdo de Gabi y mantengo una cercana relación hoy en día".

- **Maxi Rodríguez**

"Fue el último gran jugador en su puesto. Un volante que arrancaba de atrás con mucho fútbol. Su juego era ideal para cualquier delantero. Tenía una llegada al arco extraordinaria, con mucha facilidad. Siempre ofrecía descarga a un compañero. Habilidoso con la pelota. Nos ha dado siempre un resultado bárbaro. Tenía mucha entrega, era muy profesional".

- **Juan Pablo Sorín**

"Como marcador de punta era muy completo. Podía jugar muy bien de marcador central izquierdo. Si desbordaba por afuera, sacaba buenos centros y, si encaraba por adentro, aparecía en posición de gol".

- **Walter Samuel**

"En Italia lo llamaban 'El Muro Romano', y era cierto. Cuando lo convocamos por primera vez a las Juveniles, le dijimos al Tolo Gallego, ayudante de Passarella en la Mayor, que viniera a ver a una práctica a un zaguero que habíamos traído de Newell's para que viera lo que era. El Tolo se quedó totalmente impresionado. Central de una presencia y jerarquía descomunales".

- **Javier Saviola**

"Los defensores rivales no lo podían encontrar nunca. No me preguntes cómo hacía, pero era infernal la movilidad que tenía para no dar referencias y aparecer siempre para definir. Era un gran definidor".

- **Nicolás Burdisso**

"Era un central muy duro, muy fuerte. Un jugador muy serio que, dentro de la cancha, transmitía mucha confianza, daba muchas garantías y seguridad. Con buenas condiciones técnicas. Muy buen juego aéreo. Cabe destacar su condición humana".

- **Kun Agüero**

"Ya a los 14 años tenía una proyección tremenda. Ya veías las condiciones extraordinarias que tenía: cómo ponía el cuerpo, la potencia para pegarle a la pelota y para aguantar al rival, lo inteligente que era para ubicarse en la cancha. Confiábamos ciegamente en él. Tenía la picardía de potrero".

El gran ejemplo: Javier Mascherano

Actitud, sentido de pertenencia, compromiso: requisitos fundamentales en la filosofía que Hugo ha pregonado a lo largo de todos sus años como docente, formador y entrenador. Sin esos atributos, difícilmente un jugador hubiese tenido y tenga posibilidades con Tocalli, por más talento que poseyera, porque esos valores, para él, son innegociables. Si esas tres palabras se meten en una licuadora, se saca como resultado un Javier Mascherano. Pocos son los ejemplos más claros del biotipo de jugador que Hugo siempre intentó formar. *Masche* reúne todo, y Tocalli no se olvida de él.

"Javier ha marcado mucho en la Selección con su carácter y personalidad, es un emblema. Siempre sintió mucho a la Selección. Me gustaría que todos los jugadores que aparezcan y vistan la camiseta argentina tengan su compromiso. Como formador, uno siempre aspiró, y aspira, a formar jugadores como él. Ojalá cuando se retire siga vinculado a la Selección, como técnico o desde el rol que quiera. Javier es una gran persona, un gran compañero. Reúne todos los requisitos que tiene que tener un líder dentro y fuera de la cancha".

Para Mascherano, Hugo fue un faro muy importante en su carrera futbolística y en su vida. Muchos años compartidos, muchas enseñanzas aprendidas. Javier tampoco se olvida de Tocalli.

"Hugo ha sido una persona muy importante en mi carrera. Lo conocí en 1999 cuando yo tenía 15 años y jugaba todavía en Renato Cesarini. Él vino a verme porque le habían informado que en ese club había un mediocampista central. Viajó a Rosario para evaluarme. Desde ese día, hasta julio del 2006, cuando terminó el Mundial de Alemania, estuve prácticamente todo el tiempo con él. He pasado por todas las selecciones juveniles, Sub-15, Sub-17, Sub-20 y Sub-21. Le estoy muy agradecido. Es un gran docente y formador. Nos transmitía todos sus valores en el terreno profesional y humano. Le ha dado mucho al fútbol argentino. Guardo los mejores recuerdos de él. Mi recuerdo y agradecimiento a Hugo serán de por vida. Es una gran persona, un tipo muy noble, con los valores muy marcados. Lo quiero mucho".

Masche compartió con Hugo, entre otros torneos, el Mundial Sub-20 de 2003 en Emiratos Árabes, el sudamericano Sub-20 de Uruguay 2003 (donde fueron campeones), parte de las eliminatorias sudamericanas de mayores clasificatorias al mundial del 2006 y el Mundial de Mayores de Alemania 2006. También disputó el Mundial Sub-17 de Trinidad y Tobago 2001 y el Sudamericano Sub-17 de Perú 2001.

El crack que pudo ser muchísimo más

Aimar, Riquelme, Cambiasso, Maxi Rodríguez, D'Alessandro, etcétera, etcétera, etcétera. Por las manos de Hugo pasaron muchos de los más talentosos jugadores de la historia argentina. Sin embargo, cuando tiene que enumerar la lista de los juveniles con mayores condiciones que fueron parte de ese proceso, no duda en poner, entre los primeros, a César La Paglia. Si de un futbolista que jugó cinco años en Boca y ganó cinco títulos se dice que no fue ni un cuarto de lo que podría haber sido, nos estamos refiriendo a un crack de verdad. La proyección que el *Leche* tenía en las selecciones juveniles era para ser de élite mundial. Un jugador que a Hugo siempre lo obnubiló y así lo recuerda:

"Un jugador con unas condiciones notables. Nunca vamos a poder entender por qué no tuvo una carrera mucho más exitosa a la altura de sus cualidades; nos dolió mucho eso. Teníamos mucha expectativa puesta en él. Era un talento nato. Un estratega, pensante, manejaba el equipo, hacía jugar a los compañeros, ordenado. Tenía la picardía de potrero. Una técnica bárbara, buena visión de juego. Reunía absolutamente todas las condiciones como para ser un extraordinario jugador y hacer una enorme carrera".

Así recuerda el *Leche* esos años en las Selecciones Juveniles:

"José y Hugo me trataban como a uno más, pero sí me daba cuenta de que, técnicamente, tenía muchas condiciones. Por la edad y por la inmadurez, me creía que con eso solo me bastaba y me alcanzaba, y eso hacía que descuidara otros aspectos. Tenía todas las condiciones para ser un jugador de élite, y nunca me preparé. Y eso que tuve dos maestros como José y Hugo, maestros de los maestros, que me han enseñado muchísimo no solo futbolísticamente, sino en la formación para la vida. Así y todo, por una cuestión mía, no pude llevar adelante todo eso. No pude aprovechar al máximo todas las condiciones que tenía. Me emociona y me alegra mucho que Hugo me recuerde y hable bien de mí; me dan ganas de compartirlo con mi hijo. Hugo es un número uno; ha visto y tenido a los mejores jugadores argentinos. Por eso, que te reconozca, para mí, es algo muy grande. Pero también te hace reflexionar y decir: "Qué boludo fui; podría haber llegado mucho más lejos y, por no darles bola a muchos aspectos, no lo logré". En Juveniles, con mi talento me alcanzaba para sobresalir, me quedaba en la zona de confort. No me mentalicé ni me puse en la cabeza ser jugador de élite mundial. José y Hugo te exigían muchísimo, pero nunca te prohibían ser uno mismo dentro de la cancha, jugar con libertad, divertirse, crear. A los jugadores de las características de Aimar, Riquelme y, en mi caso, nos daban esas libertades de que dentro del campo decidiéramos y fuéramos creativos. Te permitían equivocarte por arriesgar. La exigencia innegociable no pasaba por ahí: pasaba por los valores, el comportamiento fuera y dentro del campo, el respeto al compañero. Ellos formaron personas, y eso te queda para siempre. José y Hugo no solo lograron cosas, sino que dejaron una huella única en el fútbol argentino. Con Hugo siempre tuve una relación especial, de cierta complicidad. Soy un agradecido eterno a Hugo; lo respeto muchísimo, lo admiro y lo quiero. A él y a toda su familia: son grandes personas. Me ha inculcado muchos valores. Mucho de lo que soy como persona me lo han forjado él y José".

La historia de Messi

"En el 2003 yo estaba dirigiendo la categoría Sub-17, que estaba en las vísperas de participar del Mundial de Finlandia; faltaban dos semanas para viajar. Un día estábamos entrenando en el predio de AFA y se acerca Claudio Vivas a entregarme un videocassette que le habían traído de Rosario. Cuando terminó la práctica, me fui a mi habitación y puse el video. Vi cinco jugadas, que me impresionaron mucho. Era un compilado de un chico llamado *Lionel Messi*. Tenía un cambio de ritmo impresionante; llevaba la pelota muy cortita pegada al pie. Me di cuenta al instante de que era un jugador diferente. Lo llamé a Pékerman, que estaba trabajando en el Leganés, y le dije que por favor fuera a Barcelona a ver a un chico. Me dijo que iba a tratar de ir, y ahí quedó. Nos fuimos a jugar el Mundial; llegamos a semifinales y nos tocó España. Íbamos ganando dos a cero y perdimos tres a dos en tiempo suplementario. Estábamos en el mismo hotel y, después del partido, se me acercó el cocinero de España y me dijo: 'Oye, Tocalli, tú tienes que ir a ver a un chaval que juega en el Barcelona, que es extraordinario'.

Hablando con el cuerpo técnico español, me comentaron que lo habían querido llevar al Mundial, y no había querido. Al regresar a Argentina, me llamó José y me dijo que lo había ido a ver y que, efectivamente, era un chico diferente. Ya los tiempos no daban para sumarlo en esa temporada. En febrero del 2004 hablé con Grondona y le comenté que había que hacer algo para traer a ese chico porque se nos iba a escapar jugando para España si demorábamos mucho. Para eso armamos dos amistosos frente a Uruguay y a Paraguay con árbitro internacional, todo para que firmara planilla con Argentina. Hablamos con el padre, con Lionel, y lo trajimos. Así arrancó su historia en las Selecciones argentinas".

4

El Mundial de Alemania 2006

Tras la repentina y sorpresiva renuncia de Marcelo Bielsa al frente de la Selección Mayor en septiembre del 2004, luego de haber ganado recientemente la medalla dorada en los Juegos Olímpicos de Atenas y realizado unas muy buenas eliminatorias, con una muy sabia decisión, Grondona eligió a Pékerman, acompañado por Tocalli, para que se hicieran cargo de las diez fechas que restaban de las eliminatorias y para el Mundial de Alemania. Así se continuaba una línea muy clara de trabajo. Argentina terminó en la primera colocación junto a Brasil en puntaje con 34 unidades. Le sacó seis al siguiente, Ecuador, y quedó segunda por diferencia de goles. En la Copa del Mundo, se vio (para muchos) a la última gran Selección, la que más conmovía y transmitía con su juego, realizando una primera ronda en un altísimo nivel, desplegando un fútbol muy vistoso, jugando un partidazo ante México en octavos. Cayó injustamente por penales en cuartos ante el local.

"Yo estaba dirigiendo a la Sub-17 en un cuadrangular en Paraguay cuando recibí un llamado de Bielsa el día que Marcelo iba a dar la conferencia de prensa para anunciar que se iba. Ese mismo día me llamó por teléfono a eso de las 11 de la mañana; yo estaba subiendo al bus que nos trasladaba del predio de entrenamiento al hotel. Tuve que hacer parar al chofer y bajarme para poder hablar apartado. Él me comunicó, antes de hacerlo público, que renunciaba, noticia que me dejó helado en el momento. Mirá el respeto y la calidad de persona, por informármelo antes a mí. Me dijo que no era para charlarlo, que era una decisión tomada, que en otro momento hablábamos y me cortó. A las tres horas me llamó Pékerman para decirme que esa misma noche me tenía que volver al país para hacernos cargo de la Mayor. Dejé todo en Paraguay a manos de Miguel Ángel Tojo, que estaba ahí conmigo. Con José tuvimos que definir cómo íbamos a trabajar, cómo íbamos a jugar, si seguíamos o cambiábamos la idea de Bielsa. Llegamos a la conclusión de que teníamos que jugar a lo que nosotros creímos siempre. Quizá, Marcelo era mucho más vertical, y nosotros buscábamos más equilibrio. Los jugadores creyeron en nosotros. Nuestro mensaje era simple, y ellos lo entendían, y les caía bien. Vimos un crecimiento en muchos jugadores, lo que nos dio mucha confianza como cuerpo técnico. Durante el Mundial, el equipo anduvo muy bien. Durante la primera ronda, se vio a un equipo de un vuelo futbolístico muy alto. El partido de octavos contra México fue el partido tácticamente perfecto por parte de los dos equipos, un gran espectáculo. Creíamos que, si pasábamos el partido contra Alemania, íbamos a jugar la final. El dolor que a mí me dejó la derrota contra Alemania fue tan grande que nunca más volví a ver ese partido; nunca quise verlo".

Tres meses después de cada Mundial, la FIFA organiza un congreso con todos los entrenadores que participaron del certamen y se analizan las distintas áreas: marketing, estadios, media, técnica, etcétera. Se hacen debates y se vota. En esa votación, Argentina fue elegida por los entrenadores como la mejor Selección de Alemania 2006, y el partido Argentina–México como el mejor de la Copa en cuanto a táctica y a oposición.

Una dupla de enorme jerarquía: Ayala-Heinze

"En ese Mundial tuvimos la suerte de tener una dupla de zagueros centrales excelente, conformada por el Ratón Ayala y por el Gringo Heinze. Nos daban una seguridad tremenda con la rapidez que barrían, con el amor propio que tenían. Eran dos líderes y caudillos totales, de una entrega admirable. El Ratón tenía mucha ductilidad, de muy buen trato con la pelota. El Gringo era una fiera: si tenía que barrer con la cabeza, lo hacía".

A pesar de haber compartido poco tiempo, al emblemático Ratón Ayala le bastó para guardar el mejor recuerdo de Hugo:

"No lo pude llegar a conocer en profundidad por el poco tiempo en que coincidimos en la Selección Mayor. Pero con ese tiempo ya me alcanzó para formarme una opinión clara sobre él: es una persona increíble. Me ha demostrado ser una gran persona y profesional. Nunca perdió la esencia de formador. En ese Mundial pude comprobar la pasta de formador que tiene".

Delantero de élite mundial: Hernán Crespo

Hugo ha visto decenas de miles de jugadores a lo largo de su carrera. Es muy difícil sorprenderlo. Con su ojo clínico, analiza a la perfección a cualquier jugador, dándose cuenta al instante del potencial y de las limitaciones. Uno de los futbolistas que más ha admirado por sus condiciones fue Hernán Crespo. Juntos compartieron parte de las eliminatorias y el Mundial de Alemania 2006.

"Estando en las Juveniles, iba seguido a la videoteca que Bielsa tenía en el predio de AFA para buscar videos de Crespo y mostrárselos a los delanteros que teníamos en las diferentes categorías. Es uno de los delanteros que mejor vi marcar los pases y hacer las diagonales. Era tremendo cómo iba al segundo palo para atacar al primero. Fue el número nueve que más me impresionó en los movimientos", asegura Hugo.

Hernán también tiene generosas palabras para Tocalli:

"A Hugo lo respeto mucho como persona y profesional. Compartimos parte de las eliminatorias y el Mundial de Alemania 2006. Él, fiel a su ADN, estaba muy pendiente y atento a los jóvenes de ese plantel, cercano a ellos. Yo era uno de los hombres de experiencia; por eso, tanto contacto permanente no tenía. A los más grandes no nos estaban tan encima y nos daban más libertad. Tuve una relación bárbara y cordial. El mejor recuerdo tanto de Hugo como de José en el tiempo que compartimos".

5

Clínica Abierta: Hugo Tocalli

A continuación, Hugo, desde su experiencia, conocimientos y sabiduría, da una clínica abierta sobre diversos conceptos de la formación de Juveniles: cómo trabajar en esa área tan importante en la estructura del fútbol, qué requisitos hay que reunir para poder desarrollar fructíferamente una carrera en el mundo de Inferiores, formando personas y jugadores para Primera División, a qué cosas hay que enfrentarse. Y muchos otros ítems más.

¿Qué es ser un formador?

"En el fútbol no es lo mismo entrenar que enseñar. Hay muchos buenos entrenadores, pero pocos buenos maestros". **(Johan Cruyf).**

"Ser un formador es una palabra muy amplia. Te tiene que apasionar mucho el mundo de las Inferiores; hay que sentirlo. Cuando jugaba en Quilmes, los sábados entrenábamos y después le pedía permiso al técnico para ir a ver las divisiones Inferiores. Siempre me gustó. Siempre lo sentí. Hay que saber acompañar al chico en su crecimiento futbolístico y, sobre todo, humano. Hay que saber cuándo decirle sí y cuándo no, cuándo hay que darle un reto y cuándo una palabra de cariño, de aliento. Si uno le da siempre palabras de aliento y lo estimula diciéndole que es un fenómeno siempre, sin marcarle y corregirle los errores, lo está perjudicando. Consentir al chico es algo malo. Pero tampoco es bueno el exceso de autoridad, porque le quitás confianza. Él tiene que entender que todo lo que uno hace lo hace pensando en su futuro. Siempre hay que hablarle con la verdad. Al jugador dotado no hay que adularlo y al que no tiene mucho talento natural hay que saber de qué lado *entrarle* para que crezca y mejore. Hay que darle herramientas para que mejore día a día como jugador y darle herramientas para que sea persona, alguien digno, porque uno no sabe si el chico va a llegar a triunfar en el fútbol. Por eso hay que prepararlo para la vida para que, si no logra vivir del fútbol, pueda hacerlo de otra cosa. Formador es el que mira a futuro, no el que está preocupado por ganar un partido. Formador fue Ernesto Duchini, al cual lo tuve en las Inferiores de San Lorenzo cuando yo atajaba allí. Cuando comencé mi carrera como entrenador en las Juveniles de Vélez, hablé mucho con él para aprender. Formador es Jorge Griffa, con quien tuve muchas charlas. Formador es José Pékerman, el más grande que conocí".

¿Cuánto es talento natural y cuánto es capacidad de aprendizaje? Talento sin inteligencia no sirve

Hay muchos casos de chicos con dotes naturales, hábiles y de notables condiciones, que no llegan a explotar o se pierden en el camino, por diversos factores: falta de compromiso, de inteligencia, el no entendimiento del juego. Por el contrario, a veces chicos con un talento menor, sobre la base del esfuerzo, dedicación y gran capacidad de aprendizaje, llegan a consolidarse en primera. Ahí está la mano del formador para potenciar al talentoso, hacerlo pensar, sacarle la mejor versión, enseñarle a entender el juego. Esto es para hacer, de un jugador seis puntos, un jugador ocho puntos, elevarlo de nivel, haciendo que incorpore herramientas que lo hagan ser más competitivo.

"Uno como formador, cuando recluta jugadores, busca que el talento venga incorporado. Al talentoso lo quiero siempre. Por ahí me va a hacer renegar un poco más pero, si le sabés llegar, te va a responder marcando la diferencia en una cancha. Sí hago hincapié en que al talento hay que agregarle sacrificio, que colabore con el equipo cuando no tiene la pelota. Que esté siempre libre para darle opción de pase a un compañero. Dame al talentoso, que yo me ocupo de darle las herramientas. Nunca podés despreciar a un talento. A un talento natural podés sacarle mucho jugo, y eso depende del formador. Al que no es dotado naturalmente hay que ayudarlo a que llegue al máximo de sus posibilidades, a que descubra que puede dar cosas que ni él pensaba, a darle confianza, a que aprenda día a día siempre algo nuevo para incorporar a su juego. Pero nunca hay que creerse que uno ya sabe todo, que, con lo que da o con lo que logró, le alcanza. Eso me sucede a mí. Todos los días quiero progresar con los juveniles. No me puedo quedar con lo hecho. Eso me mantiene siempre activo. Todos los días me siento un alumno que aprende constantemente".

Sistemas de juego diferentes en Inferiores

"Yo no estoy de acuerdo con eso que escucho a veces de que el proyecto de un equipo tiene que ser de Primera hasta Fútbol Infantil. Porque los clubes no siempre contratan entrenadores para Primera con el mismo pensamiento futbolístico. ¿Qué pasa si nosotros trabajamos durante dos años con un sistema que usa el técnico de Primera y después se va y viene otro que trae un sistema de juego diferente? ¿Qué hacemos con esos chicos a los que trabajamos durante ese tiempo de una manera?, ¿dejan de servir?

Hay que formar jugadores para que se puedan adaptar a diferentes sistemas. Porque después van a otro club, o a otra liga, y les van a pedir otras cosas, y el jugador debe adaptarse rápidamente a eso. Ya tiene que conocer lo que le están pidiendo. En Primera no hay mucho tiempo; no podés enseñarle algo de cero a un jugador profesional. Ya lo tiene que traer de Inferiores. Un ejemplo es Mascherano. Con un jugador así, podés jugar con cualquier sistema con la tranquilidad de que él se adapta".

Beneficios y contras de la juventud

"La ventaja que tiene la juventud es la frescura, la inventiva. Un chico es más atrevido, en el buen sentido, porque aún no cayó en la responsabilidad que genera jugar en Primera. Le da al plantel una energía muy linda. La desventaja es la inexperiencia. El entrenador debe saber llevarlo al chico, cada uno es diferente, hay que tener tacto para manejar sus tiempos. Quizá a alguno lo ponés en Primera, lo dejás, y se convierte en figura. Otro tal vez juega un partido bien y después empieza a bajar el nivel; en ese caso, hay que cuidarlo. Llegar no es fácil, pero mucho más difícil es poder mantenerse".

Un peligro existente: el entorno que rodea al chico

"Lo mejor que le puede pasar a un formador es saber, desde el momento en que toma a un chico, cómo es el entorno de la casa. Hay que saber si el chico está bien cuidado. Si lo está, uno se queda tranquilo; si no lo está, te preocupás. Con un mal entorno, todo se hace más difícil. A veces hay una desesperación importante del entorno por querer que el joven logre todo rápido, apurado.

Eso lo puede confundir. Hay que hacerle entender a la familia que no viva pensando que, a través de ese chico, se van a salvar todos. Que lo dejen crecer tranquilo, que lo dejen desarrollarse tranquilo. Cuidarlo de los representantes que le pueden llenar la cabeza".

El negocio invadió el terreno de las Inferiores: representantes, contratos prematuros, resultados inmediatos, apurar procesos

"No hay nada peor que apurar los procesos. Hay que respetar el desarrollo del chico. No puede ser que un chico de 15 años esté más pendiente de que lo puedan vender, del dinero, de quién lo va a representar, en vez de estar pensando en crecer y aprender. Como formador, hay que mantener la tranquilidad, sabiendo que cada chico tiene sus tiempos de desarrollo. Si el joven piensa que con lo que tiene le alcanza, si se conforma, está en un problema. Hay que sacarle el máximo de rendimiento, no para ganar un partido, sino para su crecimiento. Hay que bloquearlo de todo lo periférico que hace al negocio. Hoy por hoy, no es nada fácil lograr eso".

Vestuarios con realidades diferentes

Hace algunos años, cuando un juvenil era subido a entrenar con Primera o sumado al plantel profesional, por lo general entraba al vestuario con la cabeza gacha de la timidez, sin decir una palabra, y con un respeto que a veces rozaba el temor y la parálisis por los nervios al encontrarse con los referentes. El chico sabía que se tenía que acoplar al plantel, respetando las normas. Se lo subía para foguearlo, llevarlo de a poco, para que ganara experiencia y darle rodaje. Hoy eso ha cambiado. Los chicos muestran mucha más soltura. En primer lugar, porque esos caudillos con diez años en el club ya no están. En segundo lugar, porque muchas veces no suben para ir aportando de a poco, sino que suben como los salvadores, como "la nueva joyita".

"Durante mi carrera como arquero, ya siendo experimentado, cuando subía un chico a Primera, lo llevábamos cuando había una reunión con los dirigentes para hablar de los premios o para pedir algo. No lo llevábamos para que hablara, sino para que escuchara, aprendiera y se informara. En el vestuario había cuatro, cinco líderes que tomaban la palabra e imponían respeto, pero siempre lo cuidaban al joven. Le exigían educación y respeto, pero lo querían. Cuando yo llegué a San Lorenzo en 1966, tuve la mala suerte de entrar a cambiarme, equivocadamente, al vestuario de Primera. Vino un jugador y me tiró toda la ropa al baño. Me tuve que ir a otro vestuario. Antes era diferente, pero lo de ahora no está mal. No está mal que el chico tenga más soltura cuando sube, que demuestre que estaba esperando la oportunidad. Hoy tienen mucha picardía por toda la tecnología que manipulan. Los referentes lo deben encaminar para que no se maree".

La importancia del sentido de pertenencia

"Hoy me preocupa la falta de sentido de pertenencia que hay. Los chicos tienen que tener arraigo, sentir el escudo que están defendiendo. Que no hagan lo justo por ganar. Que tengan rebeldía, amor propio. En Inferiores, no me gusta que una categoría gane el partido muy fácil; prefiero que lo gane constándole mucho, dejando todo el esfuerzo. Se gana jugando bien, pero también se gana con el corazón. Haciendo un segundo esfuerzo, se puede ganar. No siempre se gana con la técnica o planteo que el entrenador diagramó: se necesita agregar temperamento. También se puede perder, pero siempre que al rival le cuesta mucho ganarte. Todos los días hay que inculcarles eso a los chicos".

Distracciones que no ayudan

Celulares, computadoras, tablets, PlayStation, redes sociales. La tecnología y el mundo avanzan, algo que, por supuesto, es bueno. Pero a veces se puede volver contraproducente. Un joven que juega en las Inferiores de un club hoy tiene muchas distracciones. Antes la única diversión que tenía era la pelota, el potrero, el cordón de la vereda. Jugaban al fútbol, pensaban en fútbol y vivían para jugar a la pelota.

"La preocupación de todos los que estamos a cargo de Inferiores es que los chicos no miran mucho fútbol. Se lo tenemos que estar pidiendo, no sale tanto de ellos. Que miren diferentes ligas. Eso los hace crecer, aprender, entender mejor el juego. Se tienen que preocupar más, tener más curiosidad e inquietudes. Antes pasaba más que el jugador vivía mirando fútbol, y por eso hoy hay una camada de entrenadores jóvenes tan buena. Ya no salen chicos con el liderazgo que tenían Gabi Milito, Sorín, Mascherano, Heinze, Burdisso, Coloccini".

Algo que nunca se debe perder: el espíritu amateur

"El espíritu amateur, el amor hacia la tarea son lo único que vuelve satisfactorio el tránsito por el trabajo. Para ser un gran jugador profesional, es necesario tener mucho espíritu amateur". **(Marcelo Bielsa).**

"Hay que pedirle al jugador que juegue para disfrutar. No puede estar pensando solo en jugar para ganar. La esencia del fútbol y del deporte es jugar. Si jugás con la presión de que exclusivamente tenés que ganar, sufrís, y no disfrutás nada. Hay que inculcarle al chico el amor a la pelota, al pasto; transmitirles el espíritu del potrero. En todas las Selecciones Juveniles, les pedíamos a los chicos que ayudaran a los utileros a llevar la ropa, que tomaran mate con ellos. Es el sentido de pertenencia, el gen del amateurismo. Si todo fuese resultados y ganar dinero, se termina el fútbol. Si no se mantiene el pensamiento amateur, si no inculcamos eso en las Inferiores, el negocio se devorará todo. Hay que darle alegría al fútbol".

El club: tercer eslabón educacional

En la formación humana de un chico, la enseñanza de valores, educación, respeto, desarrollo intelectual, un club o un deporte es el tercer paso en la cadena de aprendizaje. El primero, por supuesto, es la casa. Luego viene el colegio. Un club termina de contribuir y moldear al chico. Pero muchas veces eso no sucede y pasa todo lo contrario: el club se termina convirtiendo en el primer eslabón, ya que en la casa no recibieron la educación adecuada y ni siquiera fueron al colegio, o no le dan importancia. ¿Qué se hace cuando se recibe a un joven en Inferiores con esa problemática?

"Lo primero que se le deja en claro a un chico que nosotros recibimos es que, para permanecer en el club, hay dos cosas que no se pueden negociar: la actitud para hacer las cosas y la conducta. Eso es fundamental para el crecimiento del jugador, y al que no lo tiene le será muy difícil avanzar. Se le deja claro que hay normas que respetar. Me he encontrado con varios que tuve en Inferiores y que no lograron llegar a vivir del fútbol y hoy se dedican a otra cosa. Todos me dicen que en el momento me odiaron por haberlos dejado fuera de un equipo o de una convocatoria, pero que hoy me agradecen porque la formación en cuanto a lo humano, a la educación que uno les pregonó siempre, les sirvió para poder emprender otros caminos. Los técnicos de Inferiores deben entender la vida social de la cual viene cada chico. Antes la casa era lo fundamental en la educación de un chico, y el colegio estaba junto al fútbol. Ahora eso ha cambiado. Por eso, los que estamos en el mundo de Inferiores tenemos que estar todo el tiempo pensando en cómo hacer para los que chicos no salgan de una línea de conducta y sean rectos en la vida social. Cuesta mucho que los chicos hoy estudien; por eso hay que estarles muy encima. A la vez necesitamos que crezcan dentro del fútbol, porque para eso juegan. Son varios los matices que debemos atender. El chico solamente se preocupa por crecer en el fútbol y deja lo otro de lado. Nosotros le tenemos que remarcar que también debe crecer en el estudio y en su vida privada como persona y como gente de bien. No quiero solo un jugador de fútbol: quiero una buena persona y alguien inteligente. Además, los chicos inteligentes entienden mejor los conceptos del juego y captan mejor lo que el entrenador le dice".

Las ventajas y contras del avance de la tecnología y su aplicación en el fútbol

Todo avance siempre es productivo. El mundo evoluciona, y nunca se puede ir en contra de eso. Pero sí que, dependiendo de cómo se administre y de la utilidad que se le dé, puede tener sus peligros. Eso sucede en el fútbol con la irrupción de lleno de la tecnología. Esto permite mayor información, más capacidad de análisis de partidos, más conocimientos de los rivales, más herramientas para los entrenamientos, etc. Pero también trae aparejados sus riesgos. Si al jugador se le da todo servido, con muchas facilidades, puede aburguesarse y bajar el nivel de esfuerzo. Además, si se pretende automatizar al futbolista, se pierde la rebeldía, la espontaneidad, la creatividad, y pasa a ser más dependiente del entrenador, con menos capacidad de resolución propia.

"Es importante forjar la personalidad del jugador. Que sepa resolver por sí solo. No hay nada mejor para un entrenador que tener otro entrenador dentro de la cancha, que un jugador asuma ese rol. El futbolista debe saber tomar decisiones. En eso la tecnología no aplica. Es la esencia del juego la inventiva, la gambeta. Hay que fomentar que eso nunca se pierda. No queremos robots dentro de la cancha: queremos futbolistas que piensen y resuelvan con espontaneidad y creatividad".

El plus que le da a un técnico entrenar en Inferiores antes de dirigir Primera

"Todo técnico que quiera dirigir Primera División debería pasar antes dos años por Inferiores. Eso se nota luego en el *timing* para tomar decisiones. Estoy convencido de eso. Te da mucha experiencia de cómo tratar jugadores. Si un club quiere hacer un proyecto, llevar a un entrenador a Primera, que conozca lo que es el mundo de las Inferiores, que sepa cómo se trabaja allí; es un plus importante. En todo proyecto, la cantera es fundamental; por eso, si el técnico sabe qué siente un chico cuando lo suben a Primera, sabe qué piensa; es mucho más fácil. Y eso es porque lo vivió cuando dirigió en Inferiores. Les va a dar lugar a los jóvenes. Va a pedirles a los dirigentes que le den todas las herramientas a la cantera. Pero el técnico que dirija en Inferiores no tiene que estar con un ojo en su categoría y con el otro en la Primera, con ganas de dirigir ahí. Si hace eso, no va a hacer bien su trabajo. Tiene que enfocarse 100% en las Inferiores y, si quiere dirigir Primera, que lo haga después. Pero no puede trabajar con los chicos como si estuviese en Primera, porque los trabajos no son los mismos".

La magia del mundo de las Inferiores

"Gané una Champions y un Mundial, pero mi mejor época fue cuando trabajé en las Inferiores, rodeado de personas anónimas pendientes de los chicos. Fue la época más bonita. Ganaba mucho menos dinero, pero no necesitaba nada más". (Vicente del Bosque).

"Mi felicidad plena siempre estuvo en las Inferiores. He dirigido varios equipos profesionales, pero nunca sentí lo mismo. La cantera es lo más puro que hay, es el lugar donde más se pueden desarrollar proyectos. No hay la histeria e inmediatez de resultados que hay en Primera. Todas las mañanas me levanto con la ilusión de descubrir un nuevo crack. Ver cómo un chico va creciendo genera mucha alegría. Cuando un chico que vos trabajaste en Inferiores llega a Primera, es la alegría más grande que te puede pasar. Ganás menos dinero, pero tenés mucha más tranquilidad para trabajar. Uno se compenetra mucho con la formación del jugador".

Hacer debutar a un chico en Primera
no es un logro en sí mismo

Que un entrenador de Primera haga debutar a un juvenil no tiene ningún mérito. Muchos, desde su ego, se cuelgan la medalla de "Yo hice debutar a tal". Lo que realmente tiene valor y habla del técnico es qué pasó con el chico después de que debutó. ¿Jugó un partido y nunca más jugó? ¿No lo supo llevar y se fue a otro club y explotó? Eso, lejos de ser un logro, habla mal del entrenador. Un buen DT es aquel que sabe llevar de a poco al chico, integrándolo al plantel para que se relacione y aprenda de los referentes; que lo utiliza en los momentos apropiados; que no lo expone demás; que le brinda las herramientas para el último golpe de horno, para que pegue el salto de calidad al profesionalismo y se pueda asentar y mantener.

"Lo ideal para que no suceda esa problemática de apurar procesos o de que el cambio del fútbol amateur a Primera le cueste mucho al chico, es tener un selectivo que entrene al lado del plantel profesional. Eso hicimos con el Piojo Yudica en Vélez. Si él necesitaba un jugador, me lo pedía y se lo mandaba a entrenar con la Primera. El que hace debutar a un chico lo debe ver como el futuro, no como una salvación inmediata. Cuando dirigí la Primera de Vélez, pude hacer debutar a Otamendi, Tobio, Ricky Álvarez, Cristaldo, Gastón Díaz. A todos los hice debutar pensando en el futuro del club. Bienvenido si te ganan un partido, pero siempre hay que pensar en que se puedan asentar en Primera y que sean un patrimonio para el club. Poner a un pibe en Primera para sumarlo a la lista de los que hiciste debutar no tiene sentido".

6

Maestro del deporte y de la vida

Expedición Bielsa

Tras el Mundial de Francia 1998, donde Argentina quedó eliminada en instancias de cuartos de final, Daniel Passarella renunció a su cargo de entrenador, dejando vacante el puesto. Ante ese escenario, Julio Grondona le encargó a Pékerman la tarea de ocuparse de elegir al nuevo técnico. José, por ese entonces, además de ser la cabeza del proyecto de Juveniles, era el Secretario General de Selecciones. En su mente estaba claro cuál era el hombre indicado a su entender: Marcelo Bielsa. Pero había un considerable impedimento: el Loco había asumido recientemente al frente del Espanyol de Barcelona. Para intentar convencerlo, se montó toda una logística que Hugo detalla a continuación:

"Solo José y yo sabíamos la maniobra que íbamos a realizar para intentar traerlo a Bielsa a la Selección. Aceptamos la invitación para jugar un torneo amistoso internacional Sub-20 en Valencia, el torneo de la Alcudia. Fue una oportunidad para estar cerca de Barcelona, donde estaba Marcelo. José me hizo cargo a mí por completo de la preparación y del armado del equipo, ya que él iba a estar abocado a viajar para hablar con Bielsa e intentar convencerlo. Me dejó claro que ni sabía si iba a llegar para los partidos. Por suerte, la estrategia salió bien porque Marcelo, después de varias charlas con Pékerman, terminó aceptando el cargo".

Maestro del deporte y de la vida

El Maestro Tabarez es un hombre digno. Un ejemplo. De los que nos enseñan que se puede tener éxito siendo honesto. Que la meta nunca está por sobre el recorrido. De los que nos enseñan que la dignidad del tránsito es más importante que alcanzar la llegada. Que se puede hacer docencia, formar y educar mientras se compite y se busca ganar. Que es mejor tardar más, pero no tomar atajos. Que se puede hacer de los valores una filosofía de vida. Que la sabiduría y el conocimiento marcan la diferencia. De los que nos enseñan que la pasión y la vocación te dan una energía y fuerza extra a pesar de la edad y problemas de salud que la vida presenta. Que la grandeza está en la humildad. Que lo verdaderamente importante está en las pequeñas cosas. Que la simpleza y la sencillez son un punto de llegada. El Maestro es de los que enseñan que el compañerismo lo es todo. Que el ruido de la grandilocuencia es para los mediocres, que se habla con los hechos, y no con el alarde. El Maestro tiene una cercana relación de enorme afecto y respeto por Tocalli y por Pékerman. Varias veces, públicamente, se ha declarado un gran admirador de la obra que realizaron ellos en los seleccionados Juveniles de Argentina, aprendiendo y tomando cosas para imitar en su modelo en la Selección uruguaya. Así lo cuenta él mismo:

"Tengo un importante respeto y afecto por Hugo. Él, junto a Pékerman, le ha aportado mucho al fútbol y merece un reconocimiento ininterrumpido. En mis años sabáticos, me devané los sesos pensando en cómo hacer para que el fútbol de Uruguay volviera a sus raíces de sus épocas gloriosas. Uno de los espejos e inspiraciones que tuve fue el trabajo de ellos dos en los seleccionados juveniles de Argentina y la relación que tenía ese trabajo con la Selección Mayor. Hay que tener la humildad para saber mirar hacia otra parte y aprender. Eso hice con la labor de José y de Hugo. En el Mundial Sub-20 de Nigeria 1999, yo estaba allí y mantuve charlas con ambos en donde preguntaba y escuchaba. Cuando Tocalli quedó a cargo de las Juveniles de Argentina, vino en ciertas ocasiones a Montevideo a jugar partidos al complejo nuestro; allí tuve la posibilidad de tener algunas charlas más largas con Hugo. Descubrí en él a una persona con valores, con respeto, con un gran amor por el deporte en el que estaba involucrado. Alguien muy gentil y predispuesto al diálogo. Eso mismo inculcamos aquí. A todos los chiquilines que están en las Juveniles, cada vez que entran al predio, les exigimos que saluden a todas las personas que se les crucen, por más que no las conozcan, y que sean agradecidos con todos los que hacen algo por ellos, como los utileros, por ejemplo. Porque los jugadores son personas que juegan al fútbol y deben tener un comportamiento. Todas esas cosas Hugo y José las inculcaron en su país. Tocalli siempre se mostró respetuoso y mostró cierta admiración por lo que nosotros intentamos hacer en Uruguay, pese a las condicionantes que tenemos como país y que nos limitan, como la demografía y la poca cantidad de jugadores en comparación con otros países. Me siento identificado con las dotes personales de Hugo, en su forma de ser y de comportarse. Me siento en el mismo equipo que Hugo en la vida. Ambos tenemos una idea clara de quién es el otro. Como líder de grupo, estoy convencido de apuntar a los valores, a la solidaridad, al relacionamiento humano con los futbolistas para llegar a la persona que hay detrás de cada jugador reparando en sus aspectos íntimos, a desarrollar el andamiaje ético, moral y educativo. Uno busca que el jugador incorpore todas esas cosas para toda la vida, porque la vida dura mucho más que el fútbol. Esas cosas tienen impacto directo en los buenos resultados deportivos y en la consecución de buenas experiencias futbolísticas. El líder siempre les pide un poquito más a sus jugadores y, si ellos se lo dan, es porque, evidentemente, lo respetan y están comprometidos por un objetivo común. En las manos de Tocalli y de Pékerman, hay ejemplo de todo eso. Identificamos al futbolista como alguien exitoso, pero tiene problemas, como puede tener cualquier ser humano. Puede tener depresiones, problemas familiares, temas donde necesita apoyo especial. Por eso uno no debe dirigir, debe conducir un grupo. Todo ese conjunto de cosas que enumeré es lo que le permite a un equipo hacer oposición cuando se enfrenta a rivales que son superiores en cuanto a la potencialidad. En ese aspecto, con la Selección uruguaya nos sentimos fuertes. No hay que quedarse solo con los resultados; está muy bien reconocer los éxitos, pero no hay que valorizar solamente eso. El camino es la recompensa. Un camino en donde haya una visión, una ilusión, un propósito que llevar adelante. Cuando somos niños, todos tenemos sueños. Pero las cosas que a mí me ha dado el fútbol jamás podría haberlas soñado. Fui un jugador del segundo, tercer o cuarto orden. Hice el curso de entrenador no porque pensara en tener grandes pergaminos en el cargo, sino por necesidad. Al dejar de jugar, solo tenía un trabajo de maestro, y ese salario no me alcanzaba para mantener tres hijas y una en camino. Pensaba en dirigir fútbol infantil o en colegios para tener otro ingreso. Las cosas se fueron dando. Valoro infinitamente las muestras de respeto y admiración de personas como Tocalli, Pékerman, Bielsa. Este libro es una justa recompensa para Hugo por el camino de vida que ha transitado".

Raíces en el fútbol formativo: almas de maestros

Vicente del Bosque es uno de los personajes más admirables que tiene el fútbol mundial, desde todo aspecto en que se lo analice. En lo deportivo, sus logros como entrenador hablan por sí solos: dos Champions League, dos Ligas y una Supercopa de España con el Real Madrid. Un Mundial (el único que posee su país) y una Eurocopa con la Selección española. Además de haber obtenido nueve títulos con el Merengue en su etapa de jugador como volante central. Pero lo que más se destaca de su figura pasa por otro lado, al margen de las coronas. Vicente del Bosque es un señor con todas las letras. Alguien que dignifica el ambiente del fútbol y del deporte, trascendiendo profesiones y siendo un ejemplo inspirador para seguir en la vida misma. En la forma de comportarse con respeto y educación. En la manera de expresarse, con un equilibrio emocional formidable. En la forma de desarrollar un trabajo con humildad, perfil bajo y total aplicación. En la manera de liderar, siendo creíble, honesto, simple, con códigos, predicando con el ejemplo sin necesidad de tener que hablar tanto. Vicente del Bosque no solo dejó, deja y dejará importantes logros y muchos conceptos para destacar desde lo futbolístico, sino que deja lo más importante: valores y enseñanzas. Al igual que Tocalli y Pékerman, sus raíces como entrenador están en el fútbol juvenil. Su ADN es el de un formador. Porque él mismo supo declarar: "Gané Champions y un Mundial, pero mi mejor época fue cuando trabajé en las Inferiores, rodeado de personas anónimas pendientes de los chicos. Fue la época más bonita. Ganaba mucho menos dinero, pero no necesitaba más nada". Conociendo y amando tanto el fútbol formativo, y con su gran sabiduría, Vicente reconoce y valora la extraordinaria labor de Tocalli junto a Pékerman en las Selecciones Juveniles de Argentina. Así se expresa:

"Han sido entrenadores formativos de toda la vida, dando grandes productos al fútbol. Yo me identifico con eso porque también me preparé para ser un entrenador formativo y desempeñarme en el fútbol juvenil; no aspiraba a dirigir profesionales. Pensaba que iba a estar toda mi vida en el fútbol formativo del Real Madrid. Para mí, eso era suficiente y me sentía absolutamente realizado. He sido muy feliz en esa área. Luego, los avatares de un club tan grande como el Real Madrid me han llevado al plano profesional, pero siempre lo he vivido con mucha prudencia y fortaleza emocional. Sin presumir demasiado en los éxitos, pero tampoco sin deprimirme demasiado en los fracasos, porque el fútbol está lleno de momentos buenos y malos. Hay que mantener siempre una cara neutra. Se tiende ante la victoria a mostrarse muy eufórico, simpático, gracioso, irónico; y, cuando se pierde, se le echa la culpa al árbitro. No se puede ser así; por eso hay que mantener el equilibrio y hacer que los que te escuchan no sepan darse cuenta de si tu equipo ganó o perdió. Un formador debe trabajar no solo para moldear futbolistas en la parte técnica, sino también a personas, ayudar a los jóvenes en sus vidas personales fuera del campo. La mayoría de los jóvenes que pasan por el fútbol formativo se quedan en el camino; no llegan a Primera. Por eso deben tener una formación humana. El fútbol tiene un gran poder educativo".

7

Próceres y leyendas del fútbol juvenil

Jorge Griffa, José Pékerman y Hugo Tocalli son los tres personajes más emblemáticos de la historia del fútbol juvenil de Argentina, reconocidos en todo el continente y en el mundo por sus extraordinarias obras y labores. Maestros de pura cepa.

La grandeza está constituida por diversos atributos. Se dice que alguien es grande cuando tiene capacidad, cuando inspira, cuando emana pasión, amor por la tarea. Pero nunca se podría decir que se es grande si no se tiene humildad y generosidad. Entre las personas elevadas no hay competencia de egos, no se menosprecia al otro para sobresalir más uno, no hay inseguridades. Al contrario: se destaca, se valora y se admira al que hace bien su labor. Eso sucede con Griffa y con Tocalli.

Así habla Hugo de Jorge:

"Griffa fue un revolucionario en el fútbol juvenil. Hizo un trabajo magnífico en Newell's. Hizo cosas que hasta antes de él no se hacían, como recorrer el país de punta a punta buscando captar talentos. Trajo muchas cosas de Europa de su etapa como jugador allí. Formó decenas de grandes jugadores que destacaron a nivel mundial. Es un gran maestro que ha aportado muchísimo al fútbol argentino".

Y así habla Jorge de Hugo:

"El aporte de Hugo al fútbol juvenil argentino ha sido enorme. Es un formador olímpico. El trabajo que ejecutó y desarrolló en los seleccionados menores junto a Pékerman fue notable y de gran complejidad; han cambiado rotundamente las cosas para bien. Tengo un gran afecto y respeto por Hugo. Sigue estando de forma muy efectiva trabajando dentro del fútbol formativo. Siempre buscamos la proyección de futuro en los chicos, en la parte futbolística y en la extrafutbolística. Hemos podido dejar algo en el fútbol nacional. Tocalli es alguien primordial cuando se habla del fútbol juvenil".

Los Tocalli–Batista: una relación de familia

Los apellidos *Tocalli* y *Batista* significan mucho para el fútbol argentino por todo lo que supieron hacer, lograr y construir sus integrantes. Pero, más allá de lo profesional, cuando se nombran ambos apellidos, se evoca a gente de bien. Hablar de los Tocalli y de los Batista es referirse a personas íntegras, honestas, trabajadoras y con profundos valores. Apellidos intachables sin una mácula desde la parte humana. Personas que nunca han chapeado con sus grandes logros, siendo siempre laburantes, con humildad y sencillez. No es casualidad que entre todos ellos tengan un vínculo casi de familia. El Checho ha trabajado junto a Alejandro y a Martín. Con Ale, como profe, ha compartido cuerpo técnico en varios equipos y en la Selección Argentina Sub-20 y de Mayores. También vivieron juntos una experiencia en la Selección de

Baréin. En su etapa como seleccionador nacional, el ex Campeón del Mundo lo sumó a Martín como entrenador de arqueros. El Bocha, actual entrenador de la Selección Sub-20, compartió con Hugo un proceso en las Juveniles de Argentinos Juniors. Para el Bocha, Hugo es un gran consejero y casi una figura paternal y referencial absoluta dentro del fútbol. Lo mismo le pasó al Checho con Hugo cuando ocupó el cargo que hoy tiene su hermano y luego en la Mayor.

"Lo primero que puedo hacer es felicitarlo a Hugo por la familia que constituyó. Por la honestidad que tienen los Tocalli, lo buenas personas que son. Gente muy humilde, sencilla, que hace muy bien su trabajo. Cuando fui a la Selección Argentina, primero a la Sub-20 y luego a la Mayor, Hugo me ayudó y tuve muchas conversaciones con él. Es muy abierto a conversar, a aconsejarte, a decirte cómo hizo esto o aquello. No son muchos los que hacen eso. Es alguien muy serio y con una dedicación absoluta por la profesión. A Martín y a Alejandro los quiero mucho; son dos personas fenomenales, muy agradables. Cada uno en lo suyo, a mi entender, son de los mejores que hay. Siempre me apoyé mucho en Ale en la parte física; hace un gran trabajo en el día a día. Me ha ayudado muchísimo en mi carrera como entrenador. Ambos me han aportado mucho no solo en lo laboral, sino en mi vida. Tenemos una amistad muy grande y nos queremos mucho. Muy pocos tienen la seriedad que ellos tienen para trabajar. Lo que uno ha logrado como futbolista o entrenador pasa; lo que queda es cómo te recuerden como persona. Lo que queda es poder cruzarse con cualquier jugador que uno dirigió y que no te dé vuelta la cara, que te dé un abrazo y se preocupe por saber cómo está uno y la familia, y que te cuenten de su vida. Hay que ser humilde, honesto, respetar a los demás. Me identifico mucho con los valores que tienen los Tocalli. El

Bocha, mi hermano, también se ha apoyado mucho en Hugo para su experiencia como entrenador de la Selección Sub-20. Dudo mucho de que haya gente dentro del fútbol que no quiera a los Tocalli". (Checho Batista).

"Hugo es una gran persona, un referente para mí. Es alguien muy simple y muy abierto para aconsejarte y responderte todo lo que le consultes. Cuando le vas a pedir una opinión, no se basa solo en las palabras, sino que te pone ejemplos de hechos que él vivió. Él nunca te va a decir: "Hacé esto". Te va a decir: "Podés hacer esto, porque a mí me pasó en tal momento". Me gusta apoyarme en él. Hugo ha aportado mucho al fútbol juvenil de nuestro país, y a todas las personas que trabajábamos en esa área. Lo conocí cuando trabajamos juntos en Argentinos. Él estaba a cargo de las Inferiores y yo, de las Infantiles. Aprendí a quererlo mucho. Tenemos una relación casi de familia porque Martín y Ale trabajaron con el Checho y nos conocemos muy bien entre todos. Cuando todo termina, lo que queda es cómo te recuerdan como persona. Poder llamar a alguien y que te atienda, saludar a alguien y que no te corra la cara, andar con la frente en alto pudiendo mirar a todos a la cara; eso no tiene precio y es lo que siempre perseguimos los Batista y los Tocalli. Ese es el mejor campeonato que se puede ganar, al margen de si perdiste o ganaste un partido más o menos. Cada cosa que se haga hay que hacerla con pasión y vocación. Si hiciste las cosas con pasión, vocación y honestidad, al final del camino te quedás tranquilo. Cuando trabajás con jóvenes que están formado su carácter, tenés que aportar tu granito de arena no solo en lo futbolístico, sino en lo humano, en el tema de los valores, la educación, el respeto. El chico a veces pasa más tiempo con su entrenador que con sus padres. Hay que involucrarse con el chico, saber cómo vive, qué problemáticas tiene, cómo es su familia". (Bocha Batista).

La dupla perfecta: Tocalli-Kuyumchoglu

Fernando Kuyumchoglu es, desde hace ya algunos años, el mejor formador de Argentina en actividad. Una eminencia del fútbol juvenil. Si hablamos de vocación, amor, dedicación y pasión por el área, él es el ejemplo perfecto. Nunca le interesó dirigir Primera, con los beneficios que a simple vista puede atraer eso: más dinero, más flashes, más entrevistas, más fama. Ninguna de esas tentaciones fue más fuerte que sus convicciones. Su vida y su mundo se deben al fútbol amateur. Hizo un trabajo brillante en la cantera de River, y hace ya varios años lo hace en San Lorenzo. En 2016, a la altura de su grandeza y capacidad, tomó una de las decisiones más acertadas de su carrera: sumarlo a Hugo Tocalli como su ladero en la coordinación del fútbol juvenil del Ciclón. Hugo trajo toda su sabiduría, experiencia y vigencia a un proyecto que ya estaba encaminado, para potenciarlo al mil por mil. Juntos constituyen un equipo extraordinario, y las pruebas están a la vista.

Así habla Fernando Kuyumchoglu de Hugo:

"Me pasaron cosas muy importantes con Hugo. Cuando yo estaba jugando en Platense, él llegó como ayudante de campo del Piojo Yudica. Tenía una forma especial de transmitir enseñanzas, desde un lado paternal. Era riguroso en las formas, pero siempre dejándote enseñanzas. En el 2008, él me eligió para sumarme al proyecto de Selecciones Juveniles. Lamentablemente, no se pudo dar porque terminó dando un paso al costado. Luego fui yo quien lo elegí a Hugo para incorporarlo a San Lorenzo, donde trabajamos a la par hoy en día. Es un sueño tener al lado a un maestro de tal dimensión. Le dio un gran salto de calidad desde su experiencia y sabiduría a un proyecto que ya estaba encaminado, con mucho trabajo, y él eso lo vio. Nunca me dejé tentar para dirigir Primera, no me interesó. Mi vocación y mi pasión están en las Inferiores, me tira la docencia, la formación de personas y jugadores. Quiero dejar un legado en el fútbol juvenil como lo hizo Hugo, Pékerman, Griffa. Hugo llega muy temprano, está cargado de pilas, siempre viendo cómo podemos mejorar. Tiene una gran visión para proyectar las cosas que van a pasar a futuro. Con Hugo pensamos muy similar, pero tenerlo al lado hizo reafirmar y potenciar todos mis pensamientos. El tema de la conducta y actitud en los chicos es innegociable con nosotros. Las tres palabras clave para que un proyecto tenga éxito a largo plazo son el orden, la disciplina y la responsabilidad. Hugo es obsesionado por su trabajo. 'Escuchame, Fernando' es la frase que tengo todo el tiempo, todos los días con él. Es un referente para mí, un maestro. Un tipo humilde, sencillo. Valorable en todo sentido. Tiene todos los atributos que a mí me gustaría tener como persona. Este libro me gratifica y me emociona, porque Hugo le dio muchísimo al fútbol argentino y, en este país, a gente como él no se la reconoce como merece".

Así habla Hugo de Fernando:

"Cuando estaba en las selecciones juveniles, siempre seguí de cerca su trabajo. Sabía la gran labor que estaba realizando en River y estuvimos a punto de sumarlo al grupo de trabajo pero, por una cosa u otra, no pudimos incorporarlo. Fernando tuvo la grandeza de invitarme a trabajar con él en San Lorenzo, algo que valoro mucho. Cuando uno está tranquilo y seguro de lo que es y de lo que hace, cuando uno trabaja en serio, no tiene miedo de poner a su lado a alguien de renombre o con mucha experiencia por temor a que lo opaque o lo sobrepase. Fernando tiene esa grandeza. Es un obsesionado del trabajo. Les habla mucho a los chicos, a los técnicos; busca todo el tiempo nuevos talentos. Baja la línea del orden y del respeto. Nos entendemos muy bien. A Kuyum lo valoro mucho. No ha aceptado algunas ofertas tentadoras por quedarse en el proyecto de San Lorenzo. Es un gran formador".

8

Sentando las bases para logros importantes: Vélez 2008

Hugo estuvo una temporada como entrenador de Vélez, entre el 2008 y el 2009. Allí, si bien no estuvo en los primeros puestos peleando el título hasta las últimas fechas, su trabajo fue muy importante para la institución. Desde lo futbolístico, el equipo ganó importantes partidos, tuvo buenas rachas, mostró una identidad de juego y fue superado por muy pocos equipos en el rendimiento. Pero, fiel a su estilo, Hugo no se dejó pervertir por la inmediatez que genera dirigir un equipo importante en Argentina, donde todo es urgencia, resultados inmediatos. En esa voracidad, muchos técnicos hacen lo que sea para aferrarse a su cargo y subsistir "un partido más", traicionando muchas veces sus convicciones. Tocalli, con su ADN de formador y docente, apostó por un proyecto que le diera frutos a la institución a mediano y largo plazo; no que le diera frutos a su ego. Así fue cómo promovió a muchos juveniles de la cantera, haciendo debutar a varios y consolidando a otros, chicos que luego, a la temporada siguiente, con Ricardo Gareca explotarían y serían muy importantes. O jugadores de mayor trayectoria como Emiliano Papa, al que se lo llevó a un nivel superlativo, y fue convocado a la Selección. Hugo dejó la base y los cimientos sólidos para los logros que poco tiempo después el Tigre pudo obtener. Nicolás Otamendi, Fernando Tobio, Ricky Álvarez, Jonatan Cristaldo, Gastón Díaz, Marco Torsiglieri son algunos de los ejemplos.

Así recuerda Hugo esa etapa:

"Después de haber terminado mi ciclo en las selecciones juveniles, al poco tiempo aparece la posibilidad de dirigir Vélez. Fue algo muy lindo e importante para mí por el gran respeto y cariño que le tengo a esa institución, que fue muy importante en mi carrera. Ya había estado en el club tres años como coordinador de Inferiores, en donde se pudo comenzar un proyecto que se mantiene hasta hoy en día. Cuando asumimos en 2008, rápidamente hicimos debutar a algunos jóvenes de la cantera. Les dimos confianza y más participación a algunos, subimos al plantel profesional a otros. Tuve la suerte de tenerlo como ayudante de campo a Carlos Compagnucci, que había tenido a muchos de esos chicos en las Inferiores, más los jugadores de experiencia y jerarquía que ya estaban y otros que se fueron sumando (Emiliano Papa, Poroto Cubero, Burrito Martínez, Roro López, Leandro Somoza, entre otros). Se armó un gran equipo, que fue la base para los logros que el club obtuvo al poco tiempo. Al finalizar la temporada, con una nueva comisión, yo me fui porque querían traerlo al Tigre Gareca, cosa que respeté y me pareció bárbara. Los dirigentes me ofrecieron mantenerme el mismo contrato que cobraba dirigiendo en Primera para que me quedara a cargo de todas las Inferiores por el tiempo que yo considerase. No acepté porque quería dirigir un tiempo más en Primera".

Así recuerdan a Hugo y esa temporada vivida con él algunos de sus dirigidos:

"Fue muy importante como entrenador para mí porque me hizo debutar. Pero, sobre todo, es una excelente persona.

Hugo me fue llevando día a día, aconsejándome como un padre. Me empezó a dar continuidad, siempre remarcándome que la carrera de jugador es un camino largo, que no me desesperara. Te enseñaba cómo comportarte y manejarte dentro del fútbol y fuera. Sus consejos me sirvieron para toda la vida. Él armó una muy buena base para lo que logramos después con Gareca. Nos inculcó mucho el sentido de pertenencia, el arraigo por la institución y el grupo". (Gastón Díaz).

"Cuando Hugo llegó a Vélez, el club estaba en un mal momento. Él fue el gran empuje que tuvo el club para todo lo que vino después con Gareca. Les dio rodaje y confianza a muchos jugadores que luego con el Tigre explotaron y fueron muy importantes. Hugo nos tenía bien cortitos a todos los chicos; vivía hablándonos y dando consejos. Le voy a estar siempre agradecido por la confianza que me brindó; me guio mucho. Guardo un cariño muy grande por él. Fue como un padre en ese tiempo en Vélez. Es un gran ser humano que siempre se preocupó por formar personas, y no solo jugadores. Jugadores de fútbol hay en todos lados; los hay en una plaza, pero buenas personas, de buena madera, hay pocas. Hugo inculcaba eso. El jugador en algún momento se termina, la persona no". (Jonatan Cristaldo).

"Hugo desde el primer día me dejó en claro qué era lo que pretendía. La pretemporada fue excelente. Hugo tuvo mucha incidencia en mi cabeza; fue un antes y un después en mi carrera. Me hizo entender muchas más cosas del juego. Me enseñó a cómo desarrollarme en la semana de trabajo, no solo en el campo el día del partido. Es decir, Hugo te enseña cómo ser un profesional y que puedas tener una carrera prolongada, no fugaz. Y sobre, todo, a ser buena persona: eso lo llevás para toda la vida. Le estoy muy agradecido. Formó un muy buen equipo, de buen juego. Perdimos partidos por detalles, pero ningún equipo nos superó. La base estaba sólida, y se notaba que se estaba gestando algo importante. Hugo tomó muy buenas decisiones en el armado del plantel, en los chicos que eligió para darle confianza, en los jugadores que potenció. Dejó un muy buen plantel armado, y Gareca pudo aprovechar esto perfectamente. No todo en el fútbol es el logro deportivo. Antes de llegar al éxito, hay un proceso y gente que va dejando cosas y que contribuye para gestar ese éxito. Hugo tuvo mucho que ver en lo que al tiempo logró Vélez. Siempre mostró su rol de formador, además de su rol de entrenador, inculcando ganar con armas limpias, siendo respetuoso con el compañero, con el utilero, teniendo una buena convivencia entre todos en la parte de los valores". (Emiliano Papa).

9

El gran trabajo en Colo-Colo

En mayo del 2009, tras su experiencia como entrenador de Vélez, Hugo llegó a la conducción técnica de Colo-Colo, uno de los dos equipos más importantes de Chile. Allí pudo desarrollar un gran trabajo, armando un plantel de alto nivel, y logró el campeonato local. Así lo recuerda:

"Cuando me fui de Vélez, al mes aparece la oportunidad de dirigir a Colo-Colo, lo que significó un paso muy importante en mi carrera. A mí nunca me había tentado la idea de irme del país y estar lejos de mi familia, por el contrario, había declinado propuestas. Pero lo de Colo-Colo me sedujo y me entusiasmó mucho. Es un club muy importante. Armamos un gran plantel, pero los comienzos no fueron buenos. Los primeros dos meses fueron duros y recibimos muchas críticas. Yo les dije a los dirigentes que me daba dos partidos más, entre ellos el clásico ante la U y que, si no los ganaba, daba un paso al costado. Ganamos esos dos partidos y luego no paramos de ganar. Fue una alegría inmensa poder lograr mi primer título como entrenador en el fútbol profesional. Al siguiente torneo, tras once meses de haber estado en Chile, decido irme porque quería volver a estar cerca de la familia. Me fui ganando el clásico frente a la U y dejando primero al equipo en la tabla. Siempre hubo mucho respeto por los dirigentes. Soy un agradecido al club; haber vivido ese tiempo en Chile fue una experiencia hermosa".

Uno de los emblemas de ese Colo-Colo campeón fue Kalule Meléndez. Fue uno de los jugadores que más participación tuvo con Hugo y un referente positivo que contribuyó a apoyar al entrenador cuando los resultados no se daban en un comienzo; logró luego sacar la nave a flote y encaminarla sin escalas directo al título. Así recuerda Kalule la temporada junto a Tocalli:

"Hugo conformó un gran plantel. Tanto yo como otros compañeros veníamos con algunos cuestionamientos por cosas que habían sucedido con el técnico anterior. Todos me hacían fuera de Colo-Colo, pero Hugo me dio tranquilidad diciéndome que me iba a tener en cuenta, que confiaba en mí, que arrancábamos de cero y le diera para adelante. Su respaldo en ese momento se lo agradeceré eternamente. Hugo es un tipo muy paternal, carismático, que les llega a los jugadores a través de la enseñanza y de la cercanía. Se preocupaba en saber cómo estaba el jugador, más allá de lo futbolístico, en el plano emocional, en su vida personal, su entorno. El equipo tenía una idea clara de juego, una filosofía que Hugo impartía y que el grupo adhería con convicción. Pero, en un comienzo, los resultados no se nos daban. Sabíamos que, en algún momento, el equipo tenía que despegar, porque estaba todo dado. Tuvimos charlas internas del plantel en donde nos dijimos que no era posible que, con todo lo que nos entregaba Hugo, nosotros no respondiésemos con resultados, que teníamos que respaldarlo empezando a hilvanar victorias. Él, semanas previas al clásico con la U, nos llamó a los más grandes y nos dijo que la situación estaba compleja, que, a pesar de sus ganas de sacar esto adelante, si no se daban resultados positivos inmediatos, se iba para descomprimir la situación. Nosotros le dijimos que no, que se quedase porque lo sacábamos adelante. Ganamos el clásico y, a partir de ahí, despegamos, y el equipo no paró de ganar hasta conseguir el título. Hugo nos tuvo paciencia, nos respetó y nosotros pudimos devolverle todo eso. Ha tomado decisiones fuertes desde lo futbolístico, por cuestiones tácticas y demás, de sacar de la titularidad a jugadores de renombre y, sin embargo, nunca ninguno puso una mala cara y lo aceptó bien, porque Hugo generaba ese respeto y un apoyo total de todos los jugadores. Tenía un muy buen manejo de grupo. Se fue al siguiente torneo por temas personales, dejando al equipo puntero. Lo que queda es la persona más allá de cualquier logro; por eso a Hugo lo recuerdo con gran cariño. Cuando él, tiempo después, asumió en las selecciones juveniles de Chile, yo ya me había retirado, y me llamó para ofrecerme ser su ayudante. Esos gestos te enorgullecen porque quiere decir que uno también dejó algo en él como persona y como profesional".

El Tocalli político

Sergio Tocalli es primo hermano de Hugo y un reconocido político de Córdoba. Fue tres veces intendente de Monte Buey y actualmente es el Ministro de Desarrollo Social de la provincia de Córdoba, entre otros cargos que ha tenido. Al tener un familiar tan cercano metido en política y siendo Hugo una persona con tanta experiencia y sabiduría dentro del fútbol, ¿por qué no se podría pensar en que pueda incursionar en la parte dirigencial?

"Nunca me interesó meterme en temas políticos. Soy un apasionado del fútbol y necesito más la acción, el campo de juego. Para entrar en política, hay que tener cintura para todo. Siempre que se habla de política, se termina con peleas. Con mi familia nunca hablamos de esos temas. Pero sí puedo opinar que un dirigente de fútbol tiene que saber administrar un club y tener un proyecto claro para cada área. Si sabe de fútbol, mucho mejor, para saber elegir de buena manera. Que sepa elegir un entrenador y que le traiga los jugadores que pida, pero que también le sepa decir que no".

Una amistad incondicional

Víctor Hugo Doria es una insignia de San Lorenzo. Como defensor, obtuvo tres títulos en el Ciclón e integró el legendario plantel de Los Matadores. Es una leyenda del Sporting de Gijón, en donde permaneció diez años y consiguió un dignísimo subcampeonato de la Liga y alcanzó dos finales de Copa del Rey. Luego de su etapa como futbolista, se convirtió en un prestigioso formador. Coordinó el fútbol amateur de San Lorenzo y Defensa y Justicia, además de ser el fundador de la Comisión de Actividades Infantiles (CAI) de Comodoro Rivadavia, entre otras tantas experiencias que ha tenido a lo largo de sus vastos años dentro del fútbol. Pero Víctor, además de sus logros profesionales, se puede colgar una medalla igual o más importante: ser el mejor amigo que este deporte le dio a Hugo Tocalli. Se conocieron en la pensión de San Lorenzo cuando ambos llegaron de sus pagos para jugar en las Inferiores del club con el sueño de ser alguien en el fútbol. Desde allí comenzó una relación de hermandad que perdura hasta la actualidad.

"Con Hugo nos conocemos hace más de 50 años. Desde que nos cruzamos en 1967 en la pensión de San Lorenzo, comenzó una gran amistad. Nuestras novias de aquel momento son hoy nuestras esposas, y entre ellas también forjaron una amistad. Los dos la hemos peleado mucho para llegar adonde llegamos. Cuando estábamos en las Inferiores, a veces había un mango y lo compartíamos. La familia de Hugo y la mía somos prácticamente una misma familia. Como formadores, los dos siempre inculcamos el respeto, la educación, ser honestos con los chicos de que sepan que no todos van a llegar y que por eso tienen que estudiar. Compartimos el cariño por el buen juego por sobre el resultado. Siempre tuvimos claro cuál era el objetivo final en el fútbol juvenil: preparar un buen jugador y una buena persona, nutriéndolo de herramientas en todo aspecto. Que el chico sea un buen compañero, un buen rival, que juegue con armas limpias, contento, sin protestar. Nos conocimos gracias al fútbol. Hicimos nuestra familia gracias al fútbol. Tuvimos trabajo gracias al fútbol. Este deporte nos dio todo, y nosotros aportamos lo nuestro. Haberme cruzado con Hugo es uno de los grandes premios que me dio la vida".

10

Ejemplo de formadores

En un anterior pasaje del libro, Hugo explicó qué es un formador y los atributos con los que debe contar para llevar adelante una próspera tarea en el fútbol juvenil. Dos ejemplos de todo lo mencionado por Tocalli son Adrián Domenech y Héctor Pitarch. Ambos fueron reconocidos futbolistas y hace ya largos años se dedican a la docencia y al trabajo en Inferiores, desempeñando muy buenas labores. Domenech fue coordinador de Argentinos Juniors y ahora lo hace en Defensa y Justicia. Pitarch trabajó en la cantera de Monterrey y muchos años en River. Los dos estuvieron juntos durante un período en la coordinación del fútbol amateur de River. Hugo tiene elogiosas palabras para ellos:

"Pitarch siempre ha sido un maestro; le ha dado a River muchos jugadores. Sabe mucho de Juveniles, cómo tratar y formar a los chicos. Domenech hizo un gran trabajo en Argentinos; salieron buenos jugadores. Lo mismo ocurrió en River, en donde tuvo una importante labor. Los dos tienen mucha experiencia. Destaco y valoro a ambos".

Como buenos formadores de Inferiores, Héctor y Adrián tienen un profundo respeto y admiración por Hugo:

"Hugo tiene la facultad de todos los grandes: la humildad. Esa palabra sintetiza a la perfección a Hugo. Estando más arriba, más abajo, siempre es la misma persona. Atento, cálido, servicial. Siempre está dispuesto a tomar un café, a charlar, te recibe en donde esté trabajando para compartir conceptos, etc. Es muy apasionado, con una gran vocación por el trabajo. Hugo se merece todo lo que consiguió. Él y su hermano Héctor son gente de bien. Tienen el espíritu de gente de pueblo, campechanos. Aquel que trabaja en Inferiores no tiene que llevar reloj, figurativamente hablando. No hay que estar mirando la hora, no hay que apurar los procesos; hay que laburar". (Héctor Pitarch).

"Con Hugo fuimos compañeros como futbolistas en Argentinos Juniors en 1977. Él ya era un arquero de experiencia, y a mí recién me habían subido al plantel de Primera. Siempre tuvimos una buena relación que se profundizó cuando fue a las Selecciones Juveniles con Pékerman. Con José tenía muy buen vínculo por conocerlo también de Argentinos cuando él era el coordinador de Inferiores y yo jugaba en Primera. Cuando me retiré, quise vincularme a la formación y José y Hugo siempre me abrieron las puertas del predio de AFA para que fuera a ver, aprender, hablar. Pude colaborar con ellos organizando algunos torneos en diferentes lugares para que probaran y vieran jugadores. Tenían mucha vocación, mucho amor por lo que hacían. Siempre iban por más. Los admiro mucho tanto a Hugo como a José. Cuando dirigí la Primera de Argentinos, tuve como preparador físico a su hijo Alejandro, también muy profesional. Hugo es el número uno en actividad, el que más sabe". (Adrián Domenech).

Siempre vigente

Hugo es un tipo sabio, capacitado, apasionado por la tarea y con mucha experiencia. Pero, aun teniendo todos esos loables atributos, ello no es suficiente para poder mantenerse durante largos años vigente en el primer nivel. Hay que tener una capacidad fundamental: la de *aggiornarse* permanentemente. Porque no es lo mismo un joven en 1995 que un joven en el 2021. No es igual el fútbol del 97 que el fútbol actual. No es el mismo mundo el del 2001 que el de hoy. Todo avanza (o retrocede, según cómo se lo analice), aparecen nuevas cosas, cambian los contextos. Hugo no *chapea* con su nombre; no se cree autosuficiente por lo que logró; tiene un don vital de los grandes: la humildad para seguir aprendiendo, las ganas para renovarse, la apertura para adaptarse a los cambios que se van suscitando con el tiempo. Por eso Hugo no está obsoleto, por el contrario, está más vigente que nunca.

"Lo que nunca cambié ni cambiaré es mi forma de actuar en cuanto a ir siempre con la verdad, hablar de frente. Durante mi carrera como arquero y luego como entrenador y formador, siempre viví preguntando, interiorizándome en las cosas, siendo curioso, teniendo inquietudes. Siempre quise actualizarme y vivir incorporando conocimientos y novedades. Lo que uno hizo años atrás fue bueno, pero hay que agregar cosas modernas. Nunca me quedé con lo logrado. Estar con los chicos te permite recargar pilas, intercambiar nuevas cosas. No hay fórmulas mágicas. No me considero mejor que nadie. Todo lo que logré, poco o mucho, todo lo que conseguí, poco o mucho, y todo lo que pueda dejar, poco o mucho, fue una construcción diaria de pequeñas cosas. Sin grandilocuencias. Es el fruto de levantarme cada mañana de mi vida con sueños y metas. Es el fruto de amar la vida. Nada es fácil, pero nada es imposible. Los límites los pone uno. No existe una excusa tan fuerte que supere la fuerza que emana el corazón y la mente cuando uno quiere algo. Ningún camino que sea lineal vale la pena transitarlo. El desafío es animarse a andar los senderos que tienen curvas, bifurcaciones, escollos; porque esos llegan a grandes destinos y generan grandes satisfacciones. Más allá del resultado final, el recorrido deja enseñanzas, lecciones y anécdotas; y es precisamente todo eso lo que nos hace crecer. Por eso nunca se debe evaluar algo por el logro conseguido, porque lo profundo está en lo que vamos cosechando en el camino, en cada paso a conciencia que vamos dando. Eso es, al fin de cuentas, lo que somos: un cúmulo de vivencias. Podés dudar, llorar, cansarte, enojarte; pero todo eso mientras seguís andando, sin nunca retroceder. Nunca me olvidé de dónde salí, pero siempre tuve claro adónde quería llegar. Se puede perder, ganar, fracasar o tener éxito; pero siempre con dignidad. Hay muchas maneras de llegar a la meta; lo que importa es que, cuando todo termine, puedas mirar a la gente a la cara. No importa lo que cuentes que hiciste o lograste; importa lo que digan de vos aquellos que te conocieron. Puedo mirar atrás y ver, desde la humildad, que uno ha podido aportar un grano de arena al fútbol argentino. Pero, en vez de eso, prefiero depositar mi energía en la aventura que significa levantarse cada día para encarar una nueva página. Porque la vida es un comienzo eterno. Cada día es el comienzo de algo nuevo. Todo lo que logré, poco o mucho, todo lo que conseguí, poco o mucho, y todo lo que pueda dejar, poco o mucho, es el fruto de haber escuchado a mis padres, aprendiendo sus enseñanzas y valores. De haber tenido un espejo como mi hermano. Es fruto de haber encontrado a la mujer correcta para compartir la vida. Es fruto de las fuerzas que me dieron y me dan mis hijos, mis nietos y mis nueras".

Datos del autor

Damián Giovino es periodista deportivo, recibido en la Escuela Superior de Ciencias Deportivas. Se desempeñó, y se desempeña, en diversos medios radiales, gráficos, digitales y televisivos. Es autor del libro *El Legado de Bielsa*.

Contacto: @DamianGiovino